D1620370

pattloch
edition
spiritualität

Die Athosreise

Die Athosreise

Freddy Derwahl

Pattloch

Die Deutsche Bibliothek – CIP-Einheitsaufnahme

Derwahl, Freddy:
Die Athosreise / Freddy Derwahl. –
Augsburg : Pattloch, 1996
  (Edition Spiritualität)
  ISBN 3-629-00688-4

Pattloch Verlag, Augsburg
© Weltbild Verlag GmbH, 1996
Umschlaggestaltung: Steinkämper/Lohmann, Igling
Titelbild: Ahl/Anthony
Satz: Gesetzt in Schneidler und Rotis von
Utesch Satztechnik GmbH, Hamburg
Druck und Bindung: Grenz-Echo, Eupen
Printed in Belgium

ISBN 3-629-00688-4

Inhalt

INHALT

Für Mona und unsere Kinder

Die Menschen haben die törichte Gewohnheit
angenommen, von der Orthodoxie als von etwas
Lastendem, Langweiligem und Sicherem zu
sprechen. Nichts war je so gefährlich und so
aufregend wie die Orthodoxie. Denn sie war die
Gesundheit: Und gesund zu sein ist dramatischer
als verrückt zu sein.

Gilbert Keith Chesterton

Thessaloniki, eine Nacht

1. im Mai

Die meisten Passagiere, die an diesem Sonntagabend in Thessaloniki landen, sind Heimkehrer. Schon hinter den Absperrgittern der Paßkontrolle umfängt sie das Rumoren ungeduldiger Erwartung. Namen werden gerufen, Kinderhände strecken sich sehnsüchtig den Winkenden entgegen, betagte Eltern brechen in Tränen aus. Noch eine Atempause der Trennung, noch eine letzte Kontrolle der weltumgreifend piepsenden Computerbürokratie, und sie liegen sich in den Armen. Es ist ein Moment heftigen Besitzergreifens, so als wolle man noch nicht wahrhaben, daß eine tückische Luft- und Landetechnik die Liebsten wieder freigegeben hat. Zittrige Vaterhände umgreifen die ernsthafte Tochter, die über den Wolken unnahbar in ihre Kunstgeschichte vertieft war, sich jetzt aber nicht mehr wehrt, als der Alte sie immer wieder an sich drückt. Die Küsse der Ankunft sind ausgelassen, heftig. Lehren sie uns nicht etwas über die Seligkeit? Eine Bauernfamilie ist vollzählig erschienen, den blassen Ältesten wieder in Empfang zu nehmen. Vater und Mutter im schwarzen Sonntagsstaat, jemand schwingt einen Lorbeerkranz, die Brüder und Schwestern stimmen ein Lied an, aber dann kreist schon ein Fläschchen, und selbst das uniformierte Bodenpersonal gönnt sich einen Schluck.

Alles geschieht in Windeseile, der Aufbruch erfolgt abrupt. Draußen laufen bereits die Motoren, stehen die Kofferräume weit geöffnet, verstauen emsige Hände Gepäck und prallgefüllte Plastiktüten. Scheinwerfer leuchten auf, noch ein triumphierendes Hupen, noch ein ausgelassener Schrei, und der lärmende Troß verschwindet fluchtartig in Richtung Stadtautobahn.

Auf uns hat keiner gewartet. Jetzt erst wird die Ankunft bewußt, unter den großen Leuchtreklameschildern, in einer plötzlich eingetretenen Stille. Ein Hauch Abendwind, noch warm und einen süßlichen Blütenduft vermittelnd, fegt über das Flugfeld. Eben, bei der letzten Schleife der Maschine über der dunkelblauen Bucht, lag die Stadt noch ockerfarben gedrängt am Berghang. Jetzt die Befriedigung, diesen Boden endlich unter den Füßen zu spüren. Schritt für Schritt dankbare Aneignung. Der fremde Gast wehrt sich nicht mehr, als auf der rasenden Fahrt durch den Strandstraßenverkehr das flimmernde Bombardement der ersten Eindrücke über ihn hereinbricht. Hellerleuchtete Großkaufhäuser, griechische Schriftzüge, Gartenrestaurants, Straßenmusikanten, fliegende Händler auf Maultierkarren, fünfspuriges munteres Chaos.

Thessaloniki, eine Nacht im Mai, und die anbrandende Botschaft lautet: Hier ist mediterrane Urbanität, die lässige Freiheit der Hafenstädte, ein bißchen Femme fatale, ein bißchen Sokrates; der Westen ist weit, sehr weit, und von Ampel zu Ampel wird gewisser, daß die grauen Mäuse unserer Leitungsetagen hier keine Macht mehr haben, schon allein die kurze Erinnerung an sie wirkt lächerlich. Der rote, perfide gespitzte Mund der Blumenverkäuferin jedoch, die lässig ausgestreckten Beine des Bettlers und das anarchische Grinsen des Taxifahrers, sie signalisieren: Ankunft in Griechenland. Alexis Hadsis hat uns im Hotel »Electra Palace« angemeldet. Hier speist er mit dem Direktor persönlich, hier kennt er die Portiers und Zimmermädchen mit Vornamen. Daß unsere Maschine Verspätung hatte, wird ihm wohl nichts ausgemacht haben. Als wir unsere schweren Rucksäcke durch das hellerleuchtete Foyer schleifen und uns mit alpinen Wanderschuhen bei der Rezeption melden, spricht sich rasch herum, daß die »beiden Belgier« endlich angekommen sind, und schon schießt Hadsis aus einer Menschentraube auf uns zu.

Wenn man mit einem wildfremden Menschen acht Tage und Nächte auf dem Heiligen Berg verbringen möchte, hat der erste Eindruck den Wert knisternder Offenbarung. Und tatsächlich, all das, was ich später an ihm entdecken sollte, war schon in gebündelter Form in seinem ersten Vorpreschen präsent. Dieser windige Hahnenkopf, seine franziskanische Eleganz, auch im T-Shirt Würde auszustrahlen, der einsame, suchende Blick in die Ferne, seine nahezu weibische Geschwätzigkeit, stets wechselnd mit streng abwesender Melancholie, die münchhausenhafte Lust zu fabulieren und zugleich eine drahtige Disziplin, ein scharfer Sinn fürs Kurzgefaßte, Umweglose, Wesentliche. Das alles sprachgewandt und von hohem Bildungsgrad.

Wir sitzen in der Hotelbar; mit ihren Westerndrinks und Sinatra-Kassetten ist sie so ungriechisch, daß man weinen möchte, aber Hadsis bietet als Entschädigung die ganze Prachtentfaltung seiner abenteuerlichen Persönlichkeit. Einmal blitzt die geräuschlose Effizienz des Organisationstalents aus der Chefetage des Athener Tourismusministeriums auf, ein andermal gibt er, als vertrauliche Mitteilung vorab, eine Kurzfassung seiner Autobiographie zum besten, die von seiner frühen Kindheit in einem russischen Gefängnis über seinen militanten Widerstand gegen die Obristenjunta bis hin zur mütterlichen Geste von Simone Signoret reicht, die ihm im Pariser Exil einen Pullover gestrickt hat.

Nach dem zweiten Ballantines erfahren wir, daß Robert Redford vier Tage bei ihm auf Hydra verbrachte, ohne das Haus zu verlassen, daß sein Vater ein führen-

11

der Kommunist war und auch er ein Linker sei, weil nur so geschichtlicher Fortschritt bewirkt werde. Das kleine Goldkreuz an seinem Hals bedeute jedoch, daß er sich kompromißlos zum orthodoxen Christentum bekenne.

Alexis Hadsis kann märchenhaft erzählen. Couven und ich hängen atemlos an seinen Lippen. Plötzlich spricht er Russisch und berichtet, daß seine Frau Ikonen male. Schon mit fünf hat seine Tochter ihm und seiner Frau gesagt: »Um mich zu machen, habt ihr euch umarmt.« Hadsis genießt unser Staunen und wagt erstmals den Sprung zum Heiligen Berg. Dort kenne er im Rossikon einen mysteriösen Vater, der die Gabe der Hellseherei besitze. Oben im Marmorgebirge gebe es noch Wölfe, erst letzten Winter sei wieder ein Greis zerrissen worden. Auch die wundertätige Quelle von Iwiron will er uns zeigen, er weiß sogar von einem jungen Milliardenerben, der jüngst in ein abgelegenes Athoskloster eingetreten sei und unerkannt an diesem verborgenen Ort lebe.

Es ist wie im Märchen, und erschiene nicht der Ober, der ihn diskret an das verabredete Nachtessen mit dem Herrn Direktor erinnert, unser Reisebegleiter hätte uns gewiß in ein noch tieferes Schweigen versetzt. Aber so bleiben wir allein zurück, mit offenem Mund und offenen Augen. Irgendwie ungläubig stehen wir auf dem nächtlichen Aristotelesplatz, wo uns in den Straßencafés der Geruch von Hammelbraten und die Busukimusik daran erinnert, daß wir uns tatsächlich in Griechenland befinden und unser Abenteuer am Athos gerade erst beginnt.

Seitz & Auer Bücher GmbH
86152 Augsburg, Peutingerstraße, Tel. 0821-313020

Q U I T T U N G   Datum: 15.04.96

Menge Artikel	MwSt.	DM/St.	Ges. DM
1 GRIECHISCH FÜR DEN URLAUB	7.00	24.80	24.80
1 DERWAHL: DIE ATHOSREISE	7.00	29.80	29.80
	RECHNUNGSBETRAG		54.60
	incl. 7 % MwSt =		3.57

Gezahlter Betrag DM   54.60
Wechselgeld   DM   0.00

Vielen Dank für Ihren Einkauf!

Papa Hemingway und der
2.   heilige Paulus

Wer möchte nicht so erwachen? Unter dem weißen Bogendach der Terrasse glitzert die blaue Bucht von Thessaloniki, im spiegelglatten Wasser liegen einige Tanker vor Anker. Es ist sehr früh, noch brennen die Positionslampen, von Möwen umkreist. Dann am Telefon die Stimme meiner Frau, heiter, ermutigend wie immer. Ich genieße den heißen Kaffee, trete barfuß auf den Balkon. Ganz weit, an der diesigen Nahtstelle von Tag und Nacht, von Meer und Himmel, die weiße Silhouette des Olymps. Als ich die Orangenschalen auf den Mauersims lege und dieses Glück in der Frühe nicht glaube fassen zu können, kommt der Gedanke: Du fühlst dich wie Papa Hemingway vor dem Aufstieg zum Kilimandscharo. Waghalsige, unternehmerische Leichtigkeit, ein irres Gefühl von Freiheit und Lebensfreude.

So sehe ich hinab auf die Bucht, auf die Stadt, die, wie sie unten vor mir liegt, am prachtvollsten ist und etwas ahnen läßt von ihrem unwiderstehlichen Sog, den sie durch mehr als zwei Jahrtausende ausgeübt hat. Keine andere am Meer liegende Stadt in Griechenland oder auf der Balkanhalbinsel ist älter als sie. Zwischen Olymp, dem heiligen Berg der Antike, und Athos, dem heiligen Berg der Orthodoxie, gelegen, birgt sie viel mehr als nur den Schmelztiegel einer Hafenmetropole. Wenn man bedenkt, daß Paulus hier an Land ging und Aristoteles drüben in Stagira geboren wurde, ist angesagt, wo ich mich befinde. Wer immer aus dem Westen

13

kommt und zum Athos will, muß zuerst hierher, aber die Verwaltungsplackerei mit Empfehlungs- und Zulassungspapieren ist nur eine andere Form der Barmherzigkeit, zumindest für einen Tag und eine Nacht etwas von diesem Zauber ein- und ausatmen zu dürfen, den eine große, stürmische Geschichte in diesen Mauern zurückgelassen hat.

Deshalb hinkt auch mein übermütiger Vergleich mit Hemingway, denn keine Safarikugel durchstreift die Luft am Weißen Turm, und keine Fiestaleidenschaft lockt im Schatten der Zwölf-Apostel-Kirche. Eher liegt strenge Stille über dem Ort, die gerade bei Anbruch der Karwoche eine eigenartige Tönung hat. Drum ist der keineswegs schüchterne Paulus ein geeigneteres Reisemotiv als der versoffene Schriftsteller aus Michigan. Paulus kreuzte in Begleitung von Timotheus und Silas hier auf und schlug sich als Zeltmacher durch.

In seinem ersten Brief an die Thessalonicher klingt an, was im Halbdunkel der Zwölf-Apostel-Kirche durch ein wunderbares Mosaik im Glitzerzustand glühender Verehrung bewahrt und auf dem Athos nach wie vor als spirituelles Großereignis gefeiert wird: Verklärung und Taborlicht als Anbruch der Parusie, der endgültigen Wiederkehr des Herrn; ihr fiebert das gläubige Volk unbeirrbar entgegen.

Wie ein Dieb in der Nacht, so schreibt der Apostel an seine Freunde in der zweiten europäischen Christengemeinde, werde der Tag des Herrn kommen: »So lasset uns denn nicht schlafen wie die übrigen, sondern wachsam sein und nüchtern!« Wem sagte er das? Die Euphorie über die als unmittelbar bevorstehend betrachtete Endzeit war im Kreis des Quartierwirtes Jason und des späteren Bischofs Aristarchos so überschäumend, daß sich der Apostel genötigt sah, seinem ersten Brief einen zweiten, viel moderateren, folgen zu lassen, vor schwärmerischer Erleuchtung und Geistesoffenbarung warnend. Es muß den glühenden Griechen schwergefallen sein, sich so mäßigen zu lassen.

Ähnliche Szenen sind ja auch vom Athos überliefert, auf dessen Gipfel eine Metamorphosis, eine Verklärungskapelle, erbaut wurde, zu der am Festtag im August Mönche aus allen Klöstern hinaufpilgern. Dann sieht man die wagemutigsten unter ihnen, nach einer im Gebet verbrachten Nacht, im Morgengrauen auf die Balken des Gipfelkreuzes steigen und in 2033 Meter Höhe mit leidenschaftlichen Christos-Schreien die im Osten der Ägäis aufsteigende Sonne als den Anbruch des Lichtes, der Wiederkunft Christi anrufen.

Schon im Kreuzkuppelbau der kleinen Apostelkirche spüren wir erstmals jenen kühlen Hauch, den uns eine verkopfte und mißtrauische Theologie im Westen einzublasen versucht, ein schmerzlicher Hochmut gegenüber jenen extremen Ereignissen der Schrift, über die wir uns, zermürbt von allen Klarstellungen und Aufklärungen, meinen nicht mehr freuen zu dürfen.

Aber auch das ist Paulus und sein aufbrausendes Wort von Thessaloniki: »Bevor das Ende der Welt und die letzten Dinge eintreten, muß offenbar werden der Mensch der Gesetzlosigkeit, der Sohn des Verderbens, der Widersacher, der sich über alles erhebt, was Gott heißt...« Er erinnert ausdrücklich daran, daß er ihnen dies sagte, als er noch bei ihnen war. Deshalb müsse der Satan, der Aufhaltende, der im Weg Stehende noch weggeräumt werden. Er ist für ihn der, »den der Herr Jesus hinwegnehmen wird mit dem Hauch seines Mundes und vernichten wird mit dem Aufleuchten seines Kommens.«

Das ist die erste Erfahrung auf dem Weg zum Athos. Im Schatten der Apostelkirche kritzele ich es in der Mittagshitze, während der Kellner kühlen Harz-

15

wein eingießt, in mein Notizbuch: Spätrömischer Galeriusbogen, Kreuzkuppelkirchen. Wo ist Paulus? Er beschreibt Satan als den Aufhaltenden. Spüre ich sein Zerren nicht am Ärmel?

3. Das Fest der Ankunft

Wenn man aus der »Welt« kommt, ist die Überfahrt zum Athos wie eine goldene Brücke. Die Mondsichel steht noch blinzelnd über dem Hafen von Thessaloniki, als wir um sechs Uhr früh aufbrechen und in der Höhe des Flughafens in die diesige Gartenlandschaft der Chalkidike einbiegen.

Die Stadt verschwindet hinter einem Bergrücken, und da sind nur noch die weiten Flächen der Felder und des Meeres, wo sich das wogende Grün und die bläuliche Glätte des Wassers in windstillen Abstufungen sanft ineinanderschieben, den Eindruck einer riesigen Tafel hinterlassend, auf der jedes Zeichen und jeder Schriftzug bis zur Unkenntlichkeit verwischt ist, so als gelte es, tabula rasa zu machen, Abschied zu nehmen von der Bilderflut und den Botschaften weltlichen Treibens. Wer sich auf die schmalen Straßen zum Heiligen Berg begibt, lernt erst einmal vergessen, was hinter ihm liegt. Dann wirkt die Landschaft wie die große Absolution von allem Gewesenen.

Chalkidike, so lautet ihr wohlklingender, aufrüttelnder Name. Er hat etwas mit Erzabbau zu tun, ist aber nur noch ein Relikt ferner Vergangenheit, die sich in diesem südöstlichen Grenzland meist militärisch gebärdete. Die Spuren sind mit etwas Phantasie noch auszumachen, jedoch meist in zarter, grüner Nachsicht von den Zeiten des Niedergangs überwuchert. Ein sanfter Mantel ländlichen Friedens. Er weiß nichts mehr von den einst hier anrückenden Heeren. In hemmungsloser Schönheit wandte sich die Gegend ganz ihrer neuen Aufgabe zu, blühender Aufstieg und wogender Zugang zum »Garten der Jungfrau« zu sein. Roter Klatschmohn im Schatten ernster Zypressen, wie entfesselt blühender Oleander, dann wieder grell flammende Ginsterbüsche begleiten uns zwei Stunden ununterbrochen in schwingenden Steigungen, die immer neue Hochflächen mit dunklen Wäldern preisgeben, deren dichte Kämme am Horizont den Himmel berühren. Noch verdecken sie den aus Kleinasien aufsteigenden Feuerball der Sonne, die in ihrer Bahn über die ägäische Inselwelt schon die Götter der Frühe grüßte und nun ihr erstes Glitzern über die Vorläufer des Festlandes legt.

Goldpfeile zeitloser Schöpfungstage. Man schaut ungläubig hinab in die Täler, wo Wasserfontänen auf den Feldern wild schäumend und eruptiv in die Höhe schießen, im leisen Windhauch zerstäuben, Regenbogen schaffen und wieder auslöschen. Kilometerweit ein Fest unbändigen Lebens, ganz eingetaucht in Wasser und Licht, ein Schimmern und Träufeln, ein Wiegen und Wachsen im kräftigen Frühlingsgrün. Nahezu menschenleer und deshalb eine Spur Gottesland.

Noch ein griechischer Kaffee, ein kräftig schubsender *helleniko,* in der Taverne, und der lange Schatten des Athos schiebt sich näher. Höher und höher steigend, geben Wegbiegungen den Blick auf die Küsten der Chalkidike-Halbinseln frei, die sich wie der mächtige Dreizack des Meeresgottes Poseidon in die blaue See strecken. Kassandra und Sithonia liegen schon hinter uns, während hin und wieder Hagion Oros, der Heilige Berg, seine gewaltigen Konturen aufblitzen läßt. Für Sekunden die Wucht weiter Wälder, dann die Festung des Marmormassivs, der Gipfel wie ein archaisches Heiligtum unnahbar von Wolken umhüllt.

4. Alte Spuren im Wind

Drüben in Stagira, einem der letzten Dörfchen vor der Athoshalbinsel, erhebt sich überlebensgroß die Statue von Aristoteles, der hier 384 vor Christus geboren wurde. Der Schüler Platons und Lehrer Alexanders des Großen an diesem verlassenen Ort? Immerhin hat er achtzehn Jahre in dieser weltabgewandten Stille verbracht, bevor er nach Athen aufbrach, dort zwanzig Jahre der Akademie angehörte und die Welt des Geistes eroberte. Aber diese kleine Heimat am Berghang muß ihm nicht unbedeutend gewesen sein, denn nach der Thronbesteigung Alexanders kehrte er noch einmal für einige Zeit als großer Mann hierher zurück.

Findige Altphilologen haben gar sprachliche Verwandtschaften und Übergänge zwischen dem Beruf seines Vaters, des Leibarztes in Diensten des makedonischen Königs Amyntas II., und der philosophischen Sprachschöpfung des brillanten Sohnes erkannt. Biologische und medizinische Begriffe, die seinem Denken einen Hauch vitaler Lebensnähe vermitteln. Im väterlichen Haus hat er sie als frühe Impressionen und Lehren über Pflanzen und Heilkräuter empfangen. Könnte es nicht auch sein, daß diese zauberhafte Landschaft seiner Kindheit und Jugend den strahlenden Geist nachdrücklich beeinflußt hat? Soll ihn jene Meisterhand der Natur, die hier an den Hängen über dem rauschenden Meer so verschwenderisch aufblüht, unberührt gelassen haben? Platanen, Buchen, Öl-, Nuß- und Feigenbäume, Pinien und Weißtannen, Myrte, Weißdorn- und

19

Rosenhecken. Überall Buchten und Hügelterrassen, immer wieder Kastanienwälder, Bäche und Brunnen. Aristoteles' »Metaphysik« kennt den starken, mysteriösen Gottesnamen »Nous«, den Jahrhunderte später Albertus Magnus und Thomas von Aquin in die scholastischen Höhen ihrer theologischen Denkgebäude aufnahmen: als Bezeichnung für Gott als reinste, immer aktuelle Form, als unbewegter erster Beweger, der als Liebender und Geliebter den ganzen Kosmos in Bewegung hält.

Der aus Thessaloniki flüchtende Paulus versuchte, als er auf dem Seeweg Athen und den Areopag erreichte, vergeblich, das Christentum mit den tiefen Inhalten der antiken Welt zu befruchten. Kurioserweise nahm diese Befruchtung erst im Mittelalter in den scholastischen Formen westlichen Geistes Gestalt an. Von den Philosophen der Stoa und Epikurs in ein Streitgespräch verwickelt, erinnerte Paulus daran, daß sich in der götterreichen Stadt auch ein Altar befinde, der »einem unbekannten Gott« geweiht sei. »Was ihr nun verehrt, ohne es zu kennen, das verkünde ich euch.« Dann folgte eine flammende Rede »pro Deo«, ganz getränkt und beschwingt von der Sprache der Psalmen, eine um Allianzen bemühte poetische Apologie, die geschickt auch jene griechischen Dichter miteinbezog, die von Gott gesagt hatten: »Wir sind sogar von seinem Geschlecht.« Als er ihnen jedoch Christus, den Auferstandenen, predigen wollte, erntete er in diesem exklusiven Kreis genießerischer Gelehrtheit nur Spott: »Wir wollen hierüber ein andermal hören.« Und das Gespräch zwischen den Zeiten brach wieder ab.

Ein deutscher Reisejournalist hat eine Winterszene aus Stagira, dem Bergnest des großen Aristoteles, festgehalten: Es ist ein klirrend kalter Sonntagvormittag, und die Alten sitzen schweigsam in der Taverne vor ihren weißen Schnäpsen, das Auge gekniffen auf die diesige Silhouette des Athos gerichtet. Die ständige Nähe des Heiligen Berges und großer Denker hat diese Fischer und Schafhirten sprachlos, apathisch gemacht. Resignierend greifen sie nach den Gläsern.

Nur einige Kilometer weiter noch einmal die Spuren großer Geschichte, fast vom Wind verweht. Herodot berichtet, daß der Perserkönig Xerxes die schmale Landzunge zwischen den Ausläufern des makedonischen Küstengebirges und der Athoshalbinsel 480 vor Christus habe durchstechen lassen, nachdem zwölf Jahre zuvor ein großer Teil seiner Flotte auf dem Rückzug von Eroberungskriegen zwischen Kap Pinnes und Kap Akrathos zerschellte. In der Antike soll der kolossale Marmorgipfel nicht nur als Standort eines Jupiterheiligtums gedient haben, sondern vor allem als Orientierungspunkt und Wetterwarte, die jedoch versagte, wenn Stürme tobten. Deshalb ließ der rachsüchtige König Tausende Söldner und Sklaven jenen strategisch bedeutenden Kanal ausheben, der oberhalb von Jerissos den strymonischen mit dem singritischen Golf verband. So breit und tief, daß zwei Triremen, das sind Kriegsschiffe mit drei übereinander angebrachten Ruderbänken, passieren konnten.

Ein kleines Hinweisschild erinnert an diesen verwegenen Kraftakt maritimer Strategie, der sich gerade im Frühjahr noch immer als dunkler Vegetationsstreifen von der Landschaft abhebt.

Es bleiben nur noch einige Kilometer, und ein kleines Fischernest schmiegt sich an den Hang. Ouranapolis, »Himmelsstadt«, das letzte Dorf am Ende der Welt. Von den Männern, die seit mehr als tausend Jahren hier an Bord gehen, um nie mehr zurückzukehren, wird nicht verlangt, daß sie bedeutende Krieger oder Philosophen sind. Am Ort ihrer Sehnsucht fragt sie niemand danach, welche Leistungen sie vollbracht haben, will niemand von ihnen wissen, wie hoch der Stand ihres Wissens ist. Wenn nur die Richtung ihrer Herzen stimmt, sind sie hochwillkommen für den Rest ihres Lebens. Und diese Herzensrichtung heißt immer noch: Christus, der Gott der Zärtlichkeit und Freund der Menschen.

5. Die Freude der Delphine

Unsere Fähre trägt den Namen der »Argonauten«. Sie ist allerdings nicht mit jenem schnellen, fünfzigrudrigen Schiff der Mythologie zu vergleichen, das mit den Sagenhelden von Jolkos nach Kolchos aufbrach. Statt des redenden Stückes Holz aus dem Stamm einer Eiche des heiligen Haines in Dodona birgt unser Schiff in seinem Bug nur profane Lastfahrzeuge, Eisenstäbe, Lebensmittel und olivgrüne Säcke der »Postes Helleniques«. Es sind auch keine Heroen vom Kaliber des Orpheus, Herakles, Theseus oder der Dioskuren Kastor und Pollux an Bord, sondern nur eine ungeduldig drängende Schar westlicher Wandertouristen und eine Handvoll in stille Murmelgebete versunkene Mönche.

Seitdem hier nach einer uralten Legende die »Panhagia«, die allheilige Gottesmutter, an Land ging, blieb jeder anderen Frau dieser Paradiesgarten versperrt. Unmittelbar nach dem ersten Pfingstfest, so wird erzählt und hartnäckig geglaubt, warfen die Apostel das Los, um die Missionsgebiete der damaligen mediterranen Welt aufzuteilen. Maria, die Gottesmutter, erhielt dabei den Athos und Georgien. Anläßlich einer Fahrt nach Zypern geriet sie in einen gewaltigen Sturm, der sie nordwärts zum Berg Athos abtrieb. Sie wollte zusammen mit dem Lieblingsjünger Johannes, der ihr von ihrem sterbenden Sohn bei seiner Kreuzigung anvertraut wurde, den vom Tod erweckten Lazarus besuchen. Als sie die Halbinsel betrat, seien die Götzenbilder zu Boden gestürzt, und das Orakel des Apollo habe die erschütterten Menschen

23

aufgefordert, die Mutter des großen Christos zu verehren. Der liebliche Stoff mit seiner frauenfeindlichen
Konsequenz, die gar nicht zum stillen Bild der immer
demütig zurücktretenden, liebevollen Mutter des Herrn
passen will, hat allerdings einen dramatischen Ursprung,
denn im Betreten des Athos durch die heilige Jungfrau
erkennen die frommen Mönche die Erfüllung der Vision
des Johannes aus dem 12. Kapitel der Geheimen Offenbarung. Mysteriös ist hier von einer »mit der Sonne be-
kleideten Frau« die Rede, die nach der Himmelfahrt ihres
Sohnes in die Wüste floh. Diese Wüste aber sei der Berg
Athos, der in seinem unwirtlichsten Teil, dem gefährli-
chen Felsenkap im Süden, »Eremos«, die Wüste, genannt
wird. So treibt unser Schiff tatsächlich einer geheimnisvollen Insel zu, die noch immer, wie hinter einem Schleier, all jene Bilder der Mythologie, Sagen und Legenden in
ihren klösterlichen Kuppelkirchen birgt: die jenseits
goldverzierter Bilderwände leidenschaftlich verehrte
Jungfrau, die tückische Schönheit ihres Gartenreserva-
tes, die strenge, unwegsame, jäh ins Meer stürzende
Steinwüste, wo sich in einsamen Höhlen und halsbre-
cherischen Eremitagen die Geduld kühner Beter bemüht, das »Goldene Vlies« zurückzuerobern. So ist es
eine königliche Fahrt durch einen strahlenden Morgen,
vorbei an Lichtküsten, begleitet von der ausgelassenen
Freude der Delphine. Nach einer Stunde laufen wir den
ersten Klosterhafen an. Immer wieder blicke ich in die
zerfurchten, von Wind und Sonne gezeichneten Gesichter unserer Mönchspassagiere, die mit ihren Plastiktüten
und wollenen Gebetsschnüren wie Hiobsgestalten wirken. Es ist, als ob sie diese Überfahrt verinnerlichten,
ganz erfüllt davon, daß dieses Wasser, die grünblauen
Wogen und schneeweiß aufspritzende Gischt, sogar
Maria und die Heiligen getragen hat.

6.

Ein Logenplatz
über der Ägäis

Jetzt hat die Fahrt entlang der Küste die prickelnde Spannung der Ankunft. Der alte Seeräubermönch verläßt den Pott im Hafen von Zografou, wo schwere Holzstämme geladen werden. Den braunen Taschensack aus grobem Leinen über der Schulter, schlägt er noch ein Kreuzzeichen in Richtung See und macht sich schon auf den Weg bergan.

In den Waldwiesen, die bis zum Meer hinabreichen, blühen Mohn und Ginster, kräftige Farbflecken im wogenden Grün. Dann erscheint in einem schmalen Tal ein einsamer Hof, Maultiere grasen im Schatten der glitzernden Ölbäume. Bienenstöcke stehen im Rund, kein Mensch weit und breit, alles eingetaucht in Frieden und Zeitlosigkeit.

Vor den Mauern von Dochiariou uralte, hohe Zypressen wie mahnende Zeichen der Ernsthaftigkeit. In den gepflegten Etagengärten stehen Obst und Gemüse. Im kleinen Wingert die geschnittenen Weinstöcke, ringsum das frisch gewürfelte schwarze Erdreich. Darüber Ölbäume, gekrümmt und gebückt von der Last der Jahre, doch in ihrem Silberglanz ein festliches Spiel für den Wind. Ein greiser Vater geht hier von Bord, die ganze Fahrt über haben sich seine Lippen unmerklich bewegt, während seine knorrige Hand die ständige Wiederkehr der Anrufungen des Jesusgebetes am *komvoschinion,* der schwarzen Gebetsschnur, abzählt. Jetzt erwartet ihn ein hochgewachsener, jüngerer Mönch an der Klostermauer, und sie fallen sich um den Hals.

In Xenophontos wird schweres Material abgeladen, ein Trecker, zwei Laster mit Kabel, Splitt und Bausteinen. Das ganze Noviziat, ein Dutzend junger Mönche, muß anpacken. Mit flatternden schwarzen Gewändern warten sie an der Hafenmauer, bis die Fahrzeuge von Bord sind, und schleppen im Akkord die schweren Eisenstäbe an Land. Noch letzte Nacht waren diese bäuerlichen Hände stundenlang im Gebet gefaltet, haben diese bartumrandeten Lippen zärtlich die Ikonen der Karwoche geküßt. Aber der Übergang ist fließend.

Als wir ablegen und Kurs auf das Russenkloster Panteleimonos nehmen, geben die Wolken erstmals den Blick auf den Athosgipfel frei. Eine wuchtige Silhouette, deren Marmormassiv sich mächtig aus den Hochwäldern erhebt. Grau und rosa die Steilwände über der Baumgrenze. Zerklüftete Abstürze, unzugänglicher Fels.

Unsere Uhr, die der europäischen Sommerzeit ohnehin schon eine Stunde hinterherhinkt, mit dem Rhythmus byzantinischer Sonnenuhren jedoch überhaupt nicht in Einklang zu bringen ist, zeigt gerade Mittag, als wir das große Rossikon anlaufen.

Grüne und gelbe Kuppeln mit goldenen Doppelkreuzen erheben sich majestätisch über dieser Klosterstadt, die vor der Oktoberrevolution 1917 zweitausend Mönche beherbergte. Alexis Hadsis, der sich hier seit Jahren auskennt, zeigt uns vom Schiff aus die ehemalige Residenz der Zaren und die berühmte Pokrovkirche im fünften Stockwerk des Klostergebäudes. Hier hoffen wir Samstag nacht die russische Osterfeier miterleben zu dürfen, und schon fädelt unser griechischer Begleiter mit einem an Bord springenden jungen Russenmönch das Nötige ein. Sein Blinzeln bedeutet: Unsere Zellen sind schon reserviert. Eine Viertelstunde später – bei der Ankunft in Daphni – heißt es, keine Zeit zu verlieren, denn die Plätze in den beiden Bussen, die uns zur Erledigung der Paßformalitäten nach Karyes bringen, sind knapp bemessen. Aber die Warnungen von Alexis helfen, wir kommen allen anderen zuvor und sitzen direkt hinter dem Chauffeur. Die Fahrerkanzel ist mit Gebetsschnüren und Heiligenbildchen geschmückt, so als gelte es, diese Auffahrt in das 700 Meter höher gelegene Dörfchen dem besonderen Schutz des Himmels anzuvertrauen.

Wäre nicht die Begeisterung der Ankunft, es könnte einem schon angst und bange werden. Auf dem Boden des Busses öffnen sich überall Schlitze und Ritze, die den Straßenschotter erkennen lassen. Die Handschaltung ist wegen der starken Vibration dieses grüngelben Oldtimers mit einem Gummiband abgesichert worden. Bei zunehmender Steigung beugt sich das keuchende Ungeheuer über den Abgrund. Keine Kunst, während der Fahrt Blumen oder Zweige zu brechen, immer wieder werden sie gegen die Scheiben geschlagen. Aber wer den Fahrer beobachtet, muß rasch Vertrauen gewinnen. Er hat diese Strecke vieltausendmal abgefahren und scheint jeden Stein zu kennen auf der Fahrt durch die Eichenwälder, Straßenwindung um Straßenwindung hinauf. Lässig stützt er seinen Ellenbogen auf das offene Fenster, die Zigarette verspielt im Mundwinkel, während sich die klappernde Kiste wieder einmal erschreckend dem Abhang nähert. Im Fond wird ein ängstliches Raunen laut, aber er grinst nur abgebrüht mit seinen Goldzähnen und bringt das Riesensteuerrad mit leichter Hand wie ein Zauberer wieder in die richtige Position.

Ich gebe es schließlich auf, seine vermeintliche Nachlässigkeit wie gebannt zu fixieren und traue mir einen Blick zu, hinaus auf Wald und See. Unten liegt schon die strenge Klosteranlage von Xeropotamou, die zwar über ein enormes Windrad und einen Computer verfügt, für westliche Gäste jedoch kühl und abweisend wirkt, weil man auf Orthodoxie pocht. Aber die Gärten sind wunderschön, wie schwarze Teppiche schmiegen sich die Terrassen an den Hang, wie mit dem Lineal gezogen die langen Gemüsereihen. Weiter unten das blaue Glitzern des Golfes, und während sich unser Bus noch einmal in einer Haarnadelkurve sanft zur Seeseite wiegt, wage ich es, laut zu jubilieren: Es ist wohl ein einmaliger Logenplatz hoch über der Ägäis, den ich hier genießen darf. Langsam wendet sich unser Chauffeur im Fahren um, so als wolle er entrüstet fragen, ob ich denn etwas anderes erwartet hätte.

7.

Die Hauptstadt
der Männer

Karyes ist die sonderbarste Hauptstadt der Welt. Das Bergnest umfaßt nicht viel mehr als drei Dutzend alter Häuser und wird ausschließlich von Männern bewohnt, die von hier aus den kleinen Kirchenstaat regieren. So etwas wie »Macht« strahlen allein das Verwaltungsgebäude, das »megaron«, sowie der Sitz des ständigen Gouverneurs der Republik Griechenland aus. Zu dem einen Bau führen dreißig Respekt erheischende Stufen hinauf, vor dem anderen weht die blauweiße Flagge Hellas. Die dezente Distanz der beiden Einrichtungen signalisiert ein zugleich subtiles und stabiles Machtverhältnis zwischen der »Heiligen Gemeinde« und dem einzigen Vertreter der »Welt«, der hier so etwas wie eine Akkreditierung erhalten hat. Botschafter beim Vatikan zu werden, ist für viele Diplomaten die Krönung ihrer Laufbahn; der Gouverneur auf dem Athos ist dagegen der einsamste Gesandte der Welt.

Wer in dem palazzoartigen Staatsgebäude residiert, hat ausschließlich mit Mönchen zu tun. Die Sträßchen seiner Hauptstadt kann er ohne Mühe in einer Viertelstunde durchschreiten. Stille umgibt ihn Tag und Nacht, allein vom Glockengeläut und dem Geheul klappriger Busse unterbrochen. Dafür ist der Ausblick auf die Ostküste berauschend schön.

Doch sollte man die Verantwortung nicht unterschätzen, in der sich der Gouverneur zu üben hat. Der Athos ist das »Herz der Orthodoxie« und fordert mit seinen russischen, serbischen, bulgarischen und rumä-

29

nischen Klöstern nicht nur griechischen Ordnungssinn, sondern zugleich auch außenpolitisches Fingerspitzengefühl. Die Kunstschätze, die in den Klöstern bisweilen auf abenteurliche Weise verwahrlost lagern, erreichen nicht selten den Rang von Nationalheiligtümern. Ganz zu schweigen von der bedrohlich anwachsenden Zahl der Athosbesucher aus aller Welt, die man hier etwas despektierlich als »xenoi«, Fremde, klassifiziert; in Fürbittgebeten fleht man den Allmächtigen bisweilen um Schutz vor diesen Fremden, ganz so, als handele es sich um eine Landplage. Dabei geht es schon gar nicht mehr so sehr um das »Hotel ohne Rechnung«, als das der Athos zur Zeit der Hippie-Bewegung noch galt. Man erließ strengste Einreisebestimmungen, die zur Folge haben, daß täglich nur noch zehn nicht-orthodoxe Besucher zugelassen werden, deren Ernsthaftigkeit zuvor durch lange Wartelisten im Ministerium für Makedonien und Thrakien in Thessaloniki überprüft wird. Das eigentliche »diamonithirion«, ein von feierlichen Unterschriften besiegelter Klosterpaß, wird seit einiger Zeit bereits in Ouranapolis gegen eine erheblich angehobene Gebühr verliehen.

Das Mönchsparlament, das sich aus je einem Vertreter der zwanzig Großklöster zusammensetzt, und der Gouverneur werden in unseren Tagen durch eine andere Sorge in Atem gehalten. Neben der unverzichtbaren Wahrung der äußeren Ordnung geht es jetzt mehr um den Schutz der inneren. Und um den Geist des Athos wird gerungen! In den Ländern der Orthodoxie gilt der Athos seit jeher als uneinnehmbare Bastion der Rechtgläubigkeit und spielt somit kirchenpolitisch eine herausragende Rolle bei der strengsten Bewahrung uralten Glaubensgutes. Deshalb besteht auch kein Anlaß, den fehlenden repräsentativen Glanz dieser kuriosen Männerhauptstadt zu belächeln, denn vieles, was hier in leidenschaftlich geführten Debatten zwischen den Klosterabgeordneten entschieden wird, kann weitgreifende Auswirkungen in den betroffenen Ländern haben. Der Athos kennt hartnäckige integristische Tendenzen. Man beharrt unbeugsam auf der eigenen Rechtgläubigkeit, auf der eigenen Makellosigkeit, schottet sich ab. Der Kalenderstreit von Esphigmenou hatte zum Beispiel zur Folge, daß sich dort verbarrikadierte Mönche mit dem Kloster in Brand stecken wollten. Noch immer ist hier das Spruchband »Orthodoxie oder Tod« zu lesen. Unliebsame Patriarchen aus Konstantinopel, die den Athosmönchen in ihren Lehramtsäußerungen zu weit gehen, werden aus den liturgischen Texten gestrichen. Im Mai 1995 traf ich in der Taverne von Karyes zwei schweizer Zahnärzte, die mir zerknirscht berichteten, daß sie bei einem Nachtgespräch mit dem renommierten Theologen des Klosters Dionysiou eine integristische Gardinenpredigt über sich ergehen lassen mußten; sie habe den mit ihnen befreundeten Gastpater so sehr beeinflußt, daß er es hinterher sogar ablehnte, das von ihnen kleinlaut vorgeschlagene Vaterunser gemeinsam mit ihnen zu beten...

Paradoxerweise gehen diese antiwestlichen, antiökumenischen Tendenzen mit einer technischen Revolution einher, die den Athos total zu verändern droht. Zwar hatte man schon vor Jahren damit begonnen, verschiedene Klöster und Karyes durch Bergpisten miteinander zu verbinden, doch hatte der Großbrand, der im August 1990 weite Teile der Mönchsrepublik vernichtete und ein ganzes Heer von Feuerwehrleuten, griechischen Soldaten und Bundeswehrpiloten zum Löscheinsatz mobilisierte, unwiderruflich zur Folge, daß man alle modernen Hilfsmittel, wie Jeeps, Tanklastwagen, Schnellboote, Hubschrauber, Parabolantennen, Sonnenkollektoren und Handys, einfach da behielt. Der

Athos als Wald- und Wanderparadies, so wie es uns Erhard Kästner in großartigen Bildern geschildert hat, es ist dahin.

Das Protaton der kleinen Hauptstadt ist eine der ältesten Kirchen auf dem Heiligen Berg und wohl das einzige Juwel an diesem Ort schrulliger Männerwirtschaft. Im Schattenbogen habe ich einen idealen Platz der Ruhe gefunden. Lilien, Flieder und Rosen schwingen sich um die alten Pfeiler. Der greise Mönch, der eben noch zwei rauchende Deutsche aus der Vorhalle des Gotteshauses verscheuchte, winkt freundlich, sitzen zu bleiben. Nähertretend erklärt er gestenreich, daß ich die angenehme Kühle den heiligen Petrus, Athanasius und anderen asketischen Vätern verdanke, deren Fresken die Kirchenwand schmücken.

In der Mitte des Altarraums die vornehmste Ikone des Heiligen Berges, die der Gottesmutter geweihte »axion estin«, von der die Legende berichtet, der Erzengel Gabriel habe am 11. Juni 980 vor ihrem Bildnis einem Novizen den berühmten Hymnus auf eine Marmortafel aufgezeichnet. Wie in weiches Wachs soll er mit dem Finger geschrieben haben: »Es ist würdig, Dich zu verherrlichen, Dich, Du Gottesgebärerin, immerselige und untadelige Mutter unseres Gottes.«

8. Der Wald und die Endzeit

Alexis lud uns ein, im kleinen Restaurant von Karyes, neben dem alten Gefängnis, eben noch eine Henkersmahlzeit einzunehmen. Karge Fastenkost ohne Öl wurde durch die Luke gereicht, ein Linsensüppchen, in dem Tomaten, Zwiebeln und Knoblauch schwammen, dazu ein Stück Brot und ein Bier, das wir jetzt, unterwegs nach Iwiron, schon bereuen. Die Sonne sticht, der ungewohnte Rucksack zwickt, die neuen Bergwanderschuhe drücken im staubigen Steingeröll.

So müssen wir unseren Rhythmus noch finden. Alexis, der Wieselflinke, immer eine Nase voraus, Couven, mit schwerem Fotogerät und entsprechenden »Knipspausen«, ein Stück zurück. Hinter uns auf der Höhe die Mönchshöfe von Karyes, vor uns Gärten und Wälder, die sanft zum Meer abfallen. Mannshohes Farnkraut, Haselnuß, gekrümmte Ölbäume. In blauer Ferne die Eiswände des Athosgipfels.

Dann wieder Zypressen, die immer menschliche Behausungen ankündigen, weil sie mit dem standhaften Ernst von Kerzen auf Kirchen und Kapellen verweisen. So öffnet sich auch bald der Blick auf das architektonische Ungetüm der Andreas-Skite, die ursprünglich auch *seraghion* hieß, was soviel wie Palast bedeutet. Die 1849 gegründete russische Klosteranlage ist mit großzügigen Stiftungen des letzten Zaren Nikolaus II. ausgestattet worden, aber alles Gold und Silber hat nicht gereicht, ihre Lebensfähigkeit zu erhalten. Slawenfeindlicher griechischer Nationalismus und die Okto-

33

berrevolution hatten zur Folge, daß sich das grandiose Kloster mit seinen grünen Kuppeln in eine Geisterstadt verwandelte, deren letzter Mönch 1972 starb.

Die riesige, leerstehende Anlage wurde vom Kloster Vatopedi übernommen, dessen Mönche zunächst einmal die Schätze und Zarenstiftungen, die goldbeschlagenen Ikonen, die Reliquien und anderes sakrales Gerät in feierlicher Prozession in Sicherheit brachten.

In einem Trakt der verwinkelten Gebäude wurde später die Athosschule untergebracht, eine Mischung aus Klosterinternat und Auslesezentrum. Aufgrund der monastischen Skepsis gegenüber der »Wissenschaft« fristet sie freilich ein fragwürdiges Dasein. Keine Spur mehr von der einst imposanten Bibliothek mit 20 000 wertvollen Bänden. Im Klosterhof, wo zur Jahrhundertwende mehr als tausend Mönche ihr Essen einnahmen, weil die Trapeza ihre Massen nicht mehr faßte, stehen jetzt kniehoch Mohn und Margeriten. Die Zellenfenster gähnende Löcher, durch die der Wind fegt. Erst viel weiter unten, wo man aus der Entfernung den Zahn der Zeit nicht mehr auszumachen vermag, erhebt sich St. Andreas wie ein Märchenschloß mit Türmen und Kuppeln aus dem Kastanienwald.

Die Russen und der Athos. Szenen dieser Verbindung werden uns auf der Wanderung immer wieder beschäftigen: Kuriose Bilder eines gestürzten Riesen, dem alle Protektion der Fürsten und Zaren nicht mehr half, als er sich in gold- und edelsteinverzierten Klosterfestungen niederließ und dabei vergaß, »was des Kaisers ist«. Aber dennoch gab es auch im Schatten solcher Paläste unerkannte, stille Heiligkeit.

Im Umweltbereich, der für den Athos lebenswichtig ist, vollzieht sich nach einer bis in die sechziger Jahre hinein andauernden Verweigerung technischen Fortschritts zur Zeit so etwas wie eine »industrielle Revolution«, die nach Jahrhunderten autarken Bauernlebens mit Jeeps, Traktoren, Unimogs, Motorsägen und entsprechenden Verkehrsinfrastrukturen furios über den Heiligen Berg hereinbricht. Schon schlängeln sich über die gesamte Halbinsel bis hin zur abgelegenen rumänischen Skite Prodromou, oberhalb von Kap Akrathos, die Forstwege, deren Erosionsspuren den immergrünen Garten der Jungfrau wie mit einem schmutzigen Lehmkranz zieren. Braune, erdfarbene Schleifen, die sich kilometerweit über Berg und Tal ziehen.

Die schweren Holzladungen, die etwa im Hafen des Klosters Iwiron verladen werden, lassen keinen Zweifel daran, daß in den Wäldern eifrig abgeholzt wird. Diesem Fluch der Mittelmeerländer war man gerade hier immer souverän entkommen. Erhart Kästner, der leidenschaftliche Freund der Athoswälder, würde heute seinen Augen nicht trauen. Sein Wort, »wenn Geschichte ausläuft, ist es mit dem Wald auch vorbei. Wenn Macht niederbricht, stirbt der Forst«, es hat hier inzwischen beklemmende Aktualität erlangt. In der »Brunnenstube des Märchens« lärmen oberhalb von Philoteou und Karakallou die Motorsägen, im Hafen von Zografou und Vatopedi sahen wir Frachtkähne, die vollbeladen mit Eichenstämmen in Richtung Festland keuchten. Der Wald als »Herkunft des Wunderbaren, Königsforst, Jagdgrund und Zaubermacht«? Man muß sich sorgen um den Athoswald, aus dem eben etwas ganz anderes kam und kommen sollte als schwere Holztransporte.

Aber wer sich in unserer kuriosen Welt umsieht, in der Alaskas Eismeere von der Ölpest heimgesucht werden und Sprühdosen-Treibgas längst den kosmischen Frieden durchlöchert hat, wird längst wissen, daß auch das Ende der Reservate angebrochen ist. Darüber macht man sich auf dem Athos keine Illusionen, mehr noch,

35

man fiebert diesem entscheidenden Zeitbruch ruhelos entgegen. Es bleibt unter den Mönchen in vertraulicher Solidarität meist unausgesprochen, aber die Prophezeiungen, die sich auf ihn beziehen, sind auch in der entlegensten Einsiedelei bekannt. Im Serbenkloster Chilandar gibt es einen uralten Weinstock, in Karyes steht eine bedeutende Eremitage, die in ununterbrochener Folge seit Jahrhunderten bewohnt ist, und im Ibererkloster Iwiron wird die wunderwirkende Portaitissa-Ikone aufbewahrt. Aber, so heißt es mit einem seligen Lächeln: Wenn der Weinstock von Chilandar verdorrt, wenn in Karyes der letzte Einsiedler stirbt und die Portaitissa aus Iwiron verschwindet, dann, ja dann bricht endlich das ersehnte Ende der Zeiten an.

Noch treibt auch in diesem Frühling der Wein im Waldkloster des auch im Westen verehrten geistlichen Vaters Mitrofan verschwenderisch Reben, die Einsiedelei von Karyes bleibt nach wie vor von asketischen Kandidaten umworben, und der Portaitissa-Ikone gilt auch heute uneingeschränkt die liebevolle Obhut der Mönche von Iwiron. Kein Grund also zu übereilter Endzeitsorge. So mancher junge Athosmönch in den gebildeten, aufstrebenden Gemeinschaften von Stavronikita, Prodromou oder Simonos Petras wagt sogar zaghaft zu lächeln bei soviel Legendengläubigkeit. Hat man auf diesem Berg im Laufe von mehr als tausend Jahren neben anderen, sehr menschlichen Versuchungen nicht etwa auch den existentiellen Herausforderungen römisch-katholischer Kreuzfahrer-Plünderei oder der Türkenherrschaft standhaft getrotzt? Sollte man sich gerade hier nicht etwas Zuversicht zutrauen dürfen, den Anschluß an das junge Zeitalter der Ökologie und Ökumene doch noch zu schaffen, wenn es sein muß mit der unvermeidlichen Verspätung einer byzantinischen Sonnenuhr?

9. Das Gold der Pförtnerin

Am späten Nachmittag, als wir in Iwiron ankommen, wird die Sonne gnädiger. Maultiergebimmel im Klosterhof, die Schlepparbeit im Hochwald ist für heute getan, ausgelassenes Getrappel von Hufen auf harten Grund. Früher Feierabend, auch der alte Gärtner kehrt bereits von den Beeten heim, eine Spitzhacke mit blinkenden Zacken auf der Schulter. Neben ihm, wie eine mittelalterliche Illustration von »ora et labora«, ein junger Mönch mit blassen Asketenwangen. Die beiden Frommen bleiben im Gleichschritt innig einander zugewandt.

Eine Szene intensiver Ankunft. Sie wäre unvollständig, plätscherte nicht Brunnenwasser in ein großes Steinbecken, glasklar, eiskalt. Nach zwei Stunden Marsch durch brütende Hitze greifen wir immer wieder nach der blechernen Schöpftasse. Ohne die kleine Mühsal des Marschierens wäre dieser späte Nachmittag von öder Langeweile, aber jetzt, im Schatten des dunklen Torbogens, der ins Klosterinnere führt, erfrischt vom Wasser, beginnen die Dinge zu vibrieren.

Sogleich wird greifbar, daß wir ein Haus glühender Marienverehrung betreten. Das Kloster ladt zur Entspannung ein. Von den ersten Eindrücken des ruhiger werdenden Tages bleibt die Reinheit des Brunnenwassers die stärkste. Es ist ganz einfach. Im Glanz von Licht und Wasser beginnt sich die Last des Tages zu mildern.

Alles ringsum ist anspruchslos schlicht, ein Trost, eine Labsal für unsere Seelen. Es scheint, als ob das tiefe

Schöpfen aus dem gurgelnden Überlauf des Beckens auch eine heimliche Verbindung zur »immer heiligen Pförtnerin« dieses Klosters herstellt. Flüchtig, wie ein Begrüßungswink, aber rein und stark, ans Herz greifend. Jetzt verstehe ich, daß man auch zu Tropfen sagen kann: Auf Wiedersehen.

Das uralte Ibererkloster ist zur See hin ganz geöffnet, so als traue man diesem Meer und dieser Küste noch andere Zeichen zu als die bereits geschenkten. In der breiten Bucht soll die Gottesmutter einst auf ihrer Irrfahrt zwischen Zypern und Ephesus an Land gegangen sein. Hier ist auch der Ort jener Ankunft einer wundertätigen Ikone, die eine fromme Witwe aus Nizäa zur Zeit des Bilderstreits im Rausch einer Vision der Ägäis anvertraute. Aufrecht in der See treibend, wurde das Muttergottesbild, von Flammen umgeben, vom nächtlichen Kloster aus gesichtet. Aber die Ikone entschwand immer wieder den verängstigten Mönchen, die ihr entgegensegelten, bis sie schließlich der schweigsame Einsiedler Gabriel an Land holte. Aber selbst in der Hauptkirche, dem Katholikon des Klosters, ließ sie sich nicht festhalten, sondern kehrte immer wieder an einen bescheidenen Platz bei der Pforte zurück. So lautet ihre einleuchtende Botschaft bis zum heutigen Tag: Nicht ihr bewacht mich, sondern ich behüte euch.

Seit jener Zeit wird dieses Marienbild in der gesamten Orthodoxie als »Portaitissa«, das heißt Pförtnerin, verehrt, und die Mönche von Iwiron, die schon längst keine Georgier mehr, sondern Griechen sind, halten viel darauf, über die Wunder zu berichten, die von der Ikone bewirkt worden sind. So wird etwa der schwarze Fleck auf ihrer Wange mit einem Schwerthieb erklärt, den ihr ein sarazenischer Eindringling versetzte. Aus dem Holz sei Blut gequollen, das den fremden Krieger dermaßen entsetzte, daß er als Novize um Aufnahme bat. Er wird bis heute als heiligmäßiger Vater Barbaros in der Chronik erwähnt.

Kaiserin Katharina die Große hat die geheimnisvolle Ikone in den Adelsstand erhoben und mit einem russischen Ordensstern ausgezeichnet. Auf ihre Fürsprache führen die Mönche die Befreiung Iwirons nach einem Überfall persischer Seeräuber zurück. Bei einer Hungersnot sowie bei der Heilung der Tochter des russischen Zaren Alexis Michailowitsch soll ihre sanfte Hand im Spiel gewesen sein. Nach einem Bericht des Erzbischofs Jakobos an den Ökumenischen Patriarchen soll die weinende Portaitissa auch in den USA erschienen sein. Sogar die plötzliche Beendigung einer Feuersbrunst bei Sparta im August 1960 wird mit ihrer Anrufung erklärt.

In anderen Legenden heißt es, der Apostel Lukas habe sie eigenhändig gemalt, sie stelle somit ein originalgetreues Abbild der historischen Mutter Mirjam von Nazareth dar. Eine Kopie wurde von den Mitgliedern der Zarenfamilie Romanoff unweit der Kremlmauer in Moskau verehrt. Bis zum heutigen Tag brennen vor diesem Bildnis, das sich jetzt in der Auferstehungskathedrale befindet, Tag und Nacht Kerzen. Der russische Philosoph Iwan Kireevskij bekehrte sich unter dem Eindruck dieser spontanen Devotion zum Christentum. Wörtlich schrieb er: »Sie umfing dieses einfache Volk mit einem Blick voll Mitgefühl und Liebe... Ich fiel auf die Knie und betete, das Herz ganz zerknirscht...«

Atemlose Spannung ringsum, als uns ein greiser Mönch die Türe zur Portaitissa-Kapelle endlich öffnet. Zwanzig edelsteinbeschlagene Leuchter brennen vor dem Bild, deren Flimmern sich matt in der Silberfassung der Ikone spiegelt. Nur noch das Antlitz Mariens ist zu erkennen. Kerzen und Öllichter haben es mit einem schwarzen Teint überzogen. Die Brust ist mit Goldmünzen bedeckt, das Kopftuch schimmert dunkelrot. Man wagt nicht aufzutreten, reiht sich ein, ihr den Mund entgegenzustrecken zu einem fassungslosen, demütigen Kuß.

Aber so sehr die Begegnung im Halbdunkel der mysteriösen Kapelle auch berührt, das nachfolgende Erlebnis draußen am Meer bleibt das bewegendere, da es ganz frei vom historischen Ballast kaiserlicher Gunsterweise und exaltierter Legenden ist. Alexis führt uns an einem steinigen Küstenstreifen vorbei zu jener Stelle, wo Maria erstmals Athosboden betreten haben soll. Tatsächlich sprudelt hier, nur eine Handbreit vom Meer entfernt, klares Süßwasser aus einer Quelle. Einzeln müssen wir durch eine Art Kellergewölbe zu der Stelle vorkriechen, um uns zum Beckenrand hinunterbeugen zu können. Feuchter Fels und schallende Schritte. Dieser Ort birgt die Spannung des Authentischen, man möchte ihm Glauben schenken, und gierig tauche ich meinen Kopf in das Wasser, dessen Eiseskälte mir den Atem verschlägt und mich erzittern läßt, so als sei das Himmelsboot mit der Feuersäule erneut in den Fluten vor Iwiron aufgetaucht.

10.

Die große Liebe des jungen Mathaios

Als wir endlich den Weg nach Stavronikita finden, steht uns die schönste Stunde des Tages bevor. Es ist ein schmaler Küstenpfad steil über dem Meer. Mal führt er hinab ans rauschende Wasser, dann wieder hoch, über Klippen und Felsen. Die Sonne versinkt langsam hinter dem grünen Bergrücken und taucht alles in befreiendes Abendlicht. Vor uns die Klosterfestung von Stavronikita, auf einem mächtigen Felsklotz sechzig Meter hoch über dem Meer. Bald erscheint sie ganz nahe, dann aber verschwindet sie wieder wie ein Fabeltier hinter einem Felsvorsprung. Der Pfad ist schwierig und an manchen Stellen, die in weiser Voraussicht dunkelrot gezeichnet sind, nicht ungefährlich. Aber das Ziel der Wanderung ganz nahe wissend, nehmen wir im milden Sonnenlicht beinahe schwungvoll die Hindernisse. Tief unten in den Buchten gurgelt das Meer, manchmal nähern wir uns der Brandung und spüren die Kühle des Seewinds und der staubenden Gischt.

Landeinwärts liegt in der Nähe von Karyes das Kloster Koutloumissiou. Dort bewohnt ein großer, alter Mönch eine Turmruine am einsamen Hafen. Sein Gärtchen ist liebevoll gepflegt. Vom Felspfad zum Eingang führt eine riskante Brücke aus Holzplanken. Der Hund schlägt an, und schon steht der Alte im Türrahmen. Lächelnd, gütig, hilflos. Eine großartige Figur auf diesem wackeligen Vorposten hoch über dem Meer, aber als Couven seine Kamera zückt, hebt er abwehrend die Arme und verschwindet wieder in seine Zelle.

Jetzt nähert sich der Küstenweg einem dichten Wald aus hochwachsender Macchia: Weißdorn, Smilax, Myrte und wilde Rosen, alles schimmernd, glitzernd in der Abendsonne. Dann ein Hohlweg mit federnd leichtem Boden, Lorbeer- und Efeuranken, wir sind ganz nahe. Ein Kreuz mit der Jahreszahl 1982 und ein Gartentor führen hinein in die Terrassenbeete des Klosters. Nach unserem Marsch über Klüfte und Meeresrauschen ein Bild tiefer, in sich ruhender Harmonie. Aus einer Kapelle tönt Mönchsgesang, *kyrie eleison*, immer wieder. Wasserfontänen spritzen in die Gemüsegärten, die in geschwungenem Gleichmaß wie von Meisterhand angelegt sind. In Reih und Glied die geschnittenen Obstbäume, die schwarzen Weinstöcke in frisch geharktem Erdreich. Aus einem Schuppen tritt im Unterhemd ein Landarbeiter hervor; er hat sich gerade frisch gemacht für den anspruchslosen Feierabend und reibt sich mit einem Handtuch zufrieden den Nacken. Auf dem Weg zur schweren, eisenbeschlagenen Klosterpforte schließlich der berühmte Aquädukt, vom walachischen Woiwoden Serban eigens errichtet, um die Gemeinschaft »über Wasser zu halten«. Bis zum Rand gefüllte, im Lichtbruch schwarz leuchtende, spiegelglatte Becken.

Es gehörte zu den kleinen, sensiblen Interventionen von Alexis, uns in diesem als streng und bisweilen gar abweisend wirkenden Kloster rechtzeitig anzumelden. So werden wir nun vom jungen Archondaris, dem für kontrollierte Gastlichkeit zuständigen Vater Serafim, herzlich empfangen. Ein Lächeln schenkt er zunächst und dann jene traditionelle athonitische Begrüßungsgeste, dargereicht auf dem obligaten Silbertablett: einen heißen Kaffee, ein Glas Wasser und den süßen, in Staubzucker gewürfelten *loukoumi*. Das ansonsten übliche Rakischnäpschen fällt diesmal dem unerbittlichen Fastenreglement zum Opfer.

So sitzen wir im Schatten von Weinranken auf einer noch warmen Steinterrasse über dem Meer, die offene Klosterpforte vor Augen, umgeben von unwirklich schönen Paradiesesgärten, am leuchtend blauen Himmel der Übermut von Schwalben, ringsum in den Büschen und Beeten das Gepiepse und Gezirpe des Abends. Der junge Mönchschor hat seine Festtagsprobe beendet und bekreuzigt sich vor der Schutzikone des heiligen Nikolaus. »Noch einen Kaffee?«, so beugt sich Serafim diskret vor, und der Blick des Mönchs bedeutet, daß er die erschöpfte Freude unserer Ankunft längst erspürt hat. Wir strecken die Beine aus und sagen kein einziges Wort. So glücklich fühlen wir uns in Stavronikita.

Vor vierzehn Jahren verbrachten wir hier ebenfalls unsere erste Klosternacht. Wir kommen nicht ohne Erinnerung. Im Gedächtnis überwiegt das Gute und sehnt sich nach Wiederholung. Damals war noch viel zu sehen von jener strengen Aufbruchstimmung, die nach der Neubesiedelung im Jahre 1968 die alte Mönchsfestung erfüllte. Der bislang hier übliche idiorhythmische, das heißt individuelle Lebensstil, der sogar persönlichen Besitz erlaubte, wich einer ganz auf asketisches Gemeinschaftsleben ausgerichteten könobitischen Regel, ständig kontrolliert von einem viel fordernden geistlichen Vater.

Unvergessen bleibt eine Nachtstunde draußen auf den schmalen Holzgalerien hoch über dem Meer. Aus dem Katholikon stieg dumpf das Gemurmel der Beter herauf, während unten im Hafen ein tuckerndes Fischerboot mit schwachen Positionslichtern bereits zum Fang auslief. Südwind wehte, und über der mächtigen Silhouette des Athosgipfels funkelten die Sterne. Damals notierte ich überwältigt: »Wer in seinem Leben möchte sie missen, diese Nacht?«

Stavronikita war in den sechziger Jahren, ähnlich wie das ebenfalls von Russenmönchen bewohnte St. Panteleimonos sowie die Skiten des heiligen Andreas und des Propheten Elias, dem Aussterben nahe. Ein mehr als bitteres Los für das im Jahre 1012 erstmals urkundlich erwähnte Kloster, das – bei Gott – wiederholt Höhepunkt und Niedergang erlebt hat. Im Jahre 1533 für 4000 Silberlinge vom benachbarten Kloster Philoteou zum Kauf angeboten, wurde es bald kräftig gefördert. Vor allem der Patriarch Jeremias von Konstantinopel sowie die auf dem Athos großzügig spendenden Fürsten der Walachei waren es, die all das an Bau- und Kunstwerken ermöglichten, was Stavronikita bis zum heutigen Tag so sehens- und liebenswert macht.

Der große Meister der kretischen Schule, Theophanes Strelitsa, konnte, unterstützt vom spendablen Patriarchen und seinem begabten Sohn Simeon, nach Herzenslust das enge Katholikon mit Szenen der ökumenischen Konzilien, mit Fresken des Beschützers Nikolaus von Myra sowie des Pantokrators ausmalen. Dieser Zyklus gilt seit der umfassenden Restaurierung von 1963 als die besterhaltenste Arbeit des genialen Kreters.

Die Gemeinschaft des Klosters war indes nie besonders groß, geriet jedoch Mitte des vergangenen Jahrhunderts, als sich der rumänische Nationalstaat bildete und das reiche Landgut des Fürsten Alexander Ghica verlorenging, in schlimme finanzielle Bedrängnisse. Eine Entwicklung, die dann durch die russische Revolution zunehmend dramatische Ausmaße annahm.

Aber »dramatisch«, so lächelt Vater Serafim, der uns eine bescheidene Zelle im ersten Stock zuweist, in der bereits ein junger Grieche melodisch schnarcht, sei auf dem Athos wirklich nichts, außer »die Unfähigkeit, seine Seele zu retten«. Dächer und Balkone, Küche und

44

Keller, Bibliothek und Backstube, die vor zwanzig Jahren, als die russischen Greise wegstarben, dem unweigerlichen Zerfall preisgegeben schienen, sind längst vorbildlich wiederhergestellt. Mehr noch: Dem guten Ruf einer soliden, spirituellen Gemeinschaft konnte Stavronikita durch die Aufnahme von neuen Mönchen aus nichtorthodoxen Ländern abenteuerliche, zukunftsweisende Akzente hinzufügen. So jedenfalls wirken die Neuerungen auf dem Hintergrund athonitischer Tradition.

Einem dieser Jungen, dem blauäugigen Mathaios, begegne ich nach dem Essen im Friedhofsgarten. In der alten, ebenfalls von Theophanes mit Abendmahlszenen ausgemalten Trapeza haben wir im Halbdunkel schweigsam Tomatensuppe, Brot und Oliven zu uns genommen. Jetzt will er von mir wissen, ob diese karge Fastenkost nicht doch zu schwer sei und »das Gebet lähme«. Auf meine Gegenfrage, wie er denn mit leerem Magen die stundenlange nächtliche Liturgie in ungestörter Andacht durchstehen wolle, antwortet er nur kurz angebunden, die mönchische Askese habe mit Moralismus nichts zu tun, »das Gegenteil der Sünde ist nicht die Tugend, sondern der Glaube.«

Erstaunt höre ich ihm zu, und während über den Zinnen die Sterne zu leuchten beginnen, wird es ein unvergeßliches Nachtgespräch, das in unserer englischen Verlegenheitssprache wiederholt von *love* handelt. Alles stehe und falle mit der Demut, so der flüsternde Mönch im schwarzen Gewand. »Wir sind berufen, aktiv, wachsam und heldenhaft zu sein«, spüre ich seine Stimme ganz nahe, »aber diese Tugenden können ohne die Gaben des Geistes jederzeit umkippen. Nichts gehört uns, nichts ist unser Verdienst.« Natürlich kennt er seine heiligen Bücher auswendig und zitiert den großen Vater der Ostkirche, Gregor von Nyssa, mit den

45

Worten: »Am Abend seines Lebens wird der Mensch nur nach seiner Liebe beurteilt.«

Love, da ist es wieder, das klangvolle Zauberwort dieser Welt, und wen wundert es an diesem Ort, im salonikischen Schatten, daß der junge Mathaios auch den alten Paulus bemüht, der vor dieser Küste abenteuerlich kreuzte und von der »Beschneidung des Herzens« predigte. So schlußfolgert der Mönch, der nachdrücklich betont zu wissen, wovon er spreche, die Jungfräulichkeit des Fleisches könne nur das Programm einer Minderheit sein, die »Jungfräulichkeit des Herzens« jedoch die Aufgabe aller. In einem Anflug orthodoxer Begeisterung sagt er: »Die fleischliche Sünde ist eine Sünde des Geistes gegen das Fleisch« und empfiehlt den Erzengel Raphael, dessen Name »Heilmittel Gottes« bedeute. Dann geht er augenzwinkernd gar soweit, *great love* in die alte Feindessprache der verhaßten Lateiner zu übersetzen: *amor magnus*. Ja, in jeder großen Liebe sei ein Wesenskern Keuschheit, die ihre Glut am »Feuer des Ewigen entzündet«. Nach diesem letzten Verweis auf Gott huscht er durch den Garten, und über Stavronikita bricht die Stille der Nacht herein.

Die Nacht
11. der Jungfrau

Wie ein Lockruf dringt die Stundentrommel in meinen Schlaf. Vierzehn Jahre habe ich das Simandron, jenes alte Instrument athonitischen Weckens nicht mehr gehört. Ganz vertraut kommt der hölzerne Klang, wie selbstverständlich bemächtigen sich seine tänzelnden Wiederholungen der erwachenden Sinne. Die Tür steht offen und läßt das wechselnde Spiel dieser Appelle ungehindert eindringen. Ohne den Mönch mit Hammer und Brett zu sehen, kann ich seinen dunklen Weg über Klosterhof, Treppen und Galerien mit dem Gehör verfolgen. Mal nah, mal fern, mal oben, mal unten, so klingt es ununterbrochen durch die Stille der Nacht. Geschmeidig versteht es der schnelle Trommler, sein sonores Hämmern zu variieren, so, als kenne er die unterschiedlichen Mühen seiner Brüder beim Aufstehen. Bisweilen ganz leise für die bereits Wachen und im einsamen Gebet Versunkenen, dann wieder kräftig und aufmunternd für die Unausgeschlafenen. Obwohl kein Zweifel daran besteht, daß es endlich aufzustehen gilt, wartet dennoch eine Art nachsichtiger Diskretion, die darauf verzichtet, zu dieser Stunde wie ein unerbittlicher Tambourmajor auf dem Kasernenhof das Letzte aus dem Holz herauszuholen. Eine subtile Rücksicht mit den Schwachen wird hier laut, für die schließlich, nachdem das Trommelbrett eine Zeitlang im Abgrund der Nacht verstummt ist, eine barmherzige Zugabe erfolgt. »Noch eine letzte Runde Brüder, aber jetzt ist es höchste Zeit: Auf, dem Herrn entgegen.«

So höre ich, nun schon hellwach auf meinem Feld-
bett liegend, den Trommler kommen und gehen, bis das
mitreißende Spiel des Simandrons, leiser, immer leiser
werdend, endlich verstummt. Sternenhimmel über den
Steindächern von Stavronikita, kühler Nachtwind im
Hof. Die sparsam plazierten Öllampen werfen ein
flüchtiges Licht. Schritte über Marmorplatten und
Holzgalerien. Am schwachbeleuchteten Waschbecken
blicke ich erschrocken in das blasse Kummergesicht
eines Vaters, das strähnige Haar noch in der Stirn: Der
nächtliche Trommler hat ihn böse erwischt. Wenn sich
die schwere Tür zum Katholikon öffnet, fällt ein Spalt-
breit Licht in den Hof, Gesang hebt an, strömt in die
Düsternis der Welt. Nasal klingen die Gebetsrufe, wie
Lockerungsübungen asketischer Athleten, die sich auf-
wärmen für lange, geduldige Runden durch die Nacht.

Im Gegensatz zu meinem Besuch vor vierzehn Jahren stört sich keiner der Mönche an der Anwesenheit
des nichtorthodoxen Fremden. Man weist mir gar einen
Platz zu, ergreift im Halbdunkel sanft meinen Arm und
führt mich ins Gestühl, wie ich es immer schon liebte,
unbeobachtet, unbehelligt Gottes Nähe zu teilen: Ganz
tief in der Ecke der kleinen Kirche neben einem alten
Vater, der sein Gesicht in den Händen vergräbt, so als
schäme er sich seiner Tränen. Glattes, braunes Gestühl
im warmen Bauch der Kirche, ganz angeschmiegt an
die Fresken, die Heiligen und Wüstenväter wie vertraute Nachbarn. Im Laufe Tausender Gebetsnächte abge-
schliffenes Holz, wie auf Taille geschnitten, mit Stützen
und Klappsitz ein geniales, einfaches Möbelstück für
das »einzig Notwendige«.

Stavronikita darf sich rühmen, das kleinste Katholi-
kon der Athosklöster zu besitzen. Mit gedrungener
Kraft fängt es den Beter ganz ein, hält und schützt ihn.
So tragen die Gegensätze einander: Höhe und Tiefe, die

goldglänzende Bilderwand und der archaische Steinboden, die Wucht der Freskenwände und die arabisierenden Schwünge der Lesepulte.

Mathaios beugt sich jetzt über die ausliegenden heiligen Bücher, fingert gewissenhaft die richtige Stelle im Psalter der Nacht zum Mittwoch der Karwoche herbei, die er dann doch mit einem wehmütigen Blick auf die Muttergottes-Ikone auswendig rezitiert. Wer kennt ihn hier nicht, den Miserereschrei des Königs David nach dem Fall mit der Frau des anderen? So sehe ich Mathaios beten, die blauen Augen auf die Trösterin gerichtet, die das Kind hält. Ich würde ihn jetzt gerne befragen nach dieser schlimmen *love affair* aus dem alten Buch. Mir ist, als ob seine leise Trauerstimme schon antwortete: »Wasche mich bis auf den Grund von meiner Schuld, von meinen Sünden reinige mich.« Mit leichten, die Worte bekräftigenden Kopfbewegungen sein monotones Flehen: »Ein zerknirschter Geist ist mein Opfer, o Gott; ein Herz, das zerknirscht und gedemütigt ist, Gott verschmähst Du nicht«. Dann wirft er sich wie im Sturz zu Boden, man vernimmt förmlich das auf den Steinen zusammenbrechende Geräusch der schwarzen Gewänder, und die Väter eilen an die heilige Pforte, verbeugen sich mit Küssen und tiefen Kniefällen vor dem Bild der Jungfrau. Sie ist die Hochverehrte, Immerreine, Würdevolle dieser Nacht, die bald als »Feindin der Schlange« Gefürchtete, bald als »Sitz der Weisheit« und »Sonnenbekleidete« Gefeierte. Allein ihre Nähe läßt alle in den Schlitzen und Ritzen dieses heiligen Klosters rumorenden Dämonen erschrecken. Jenes von kretischen Meistern so zärtlich gemalte Kind ist ja nicht etwa eine rührende Szene, sondern Nachweis einer die Dämonenwelten erschütternden Menschwerdung. So singen sie der Mutter im Schein der Kerzen und Öllampen den uralten Hymnus: »Du hast den Sohn ohne Vater zur

Welt gebracht, diesen Sohn, der aus dem Vater geboren wurde ohne die Mutter.«

Da sind wir dem Grund aller Dinge ganz nahe, und diese unvergeßliche Nacht der Jungfrau lehrt vor allem ihre Zustimmung, ihr Einverständnis, ihren Glauben, ohne den in diesem Befreiungsdrama nichts gelaufen wäre. Ihre Mittäterschaft, Komplizenschaft, Blutsverwandtschaft im atemberaubenden Spiel der Erlösung hat dieses palästinensische Mädchen als ersten Menschen den letzten Sinn der Schöpfung erkennen lassen. In ihr, so dichtete Dante, hat Gottes Schöpfung endlich ihr Ziel erreicht: *Termino fisso d'eterno consiglio.*

Wie sehr die geheimnisvolle Geschichte Gottes Geschenk an jeden Menschen ist, dafür erteilt der Athos seit mehr als tausend Jahren erregende Lektionen konsequenten Vertrauens. Deshalb sind die unaufhörlichen Gesänge, Gebete, Küsse und Kniefälle, das Nacht für Nacht geübte Hinwerfen vor dem Bild der Mutter mit dem Kind nichts anderes als überschwengliche Liebeserklärungen. Ganz benommen von diesem Tanz in der Stille, dem Kerzenspiel der Zärtlichkeiten, dem nüchternen Rausch strenger Hingabe, der mit knöchernem Trommelwirbel begann und jetzt im leisen Anbruch des Tages zu erliegen beginnt, fallen mir die Worte des jungen Mathaios vom Vorabend wieder ein: Daß in jeder großen Liebe »ein Wesenskern Keuschheit« sei: Reinheit, die in der griechischen Sprache soviel wie »Integrität«, »unberührt bindende Kraft zur Einheit« heißt.

Die Stunden sind unbemerkt verstrichen. Als ich die schwere Eisentüre endlich öffne und das Gotteshaus verlasse, glitzert draußen bereits die Frische des frühen Morgens. Schwarze Nachtvögel steigen aus dem Turm und flüchten in diesige Höhen. Die Öllampen des Stundentrommlers sind noch nicht gelöscht, und auf den Rosenblättern im Klosterhof glitzert der Tau.

50

Die Tücken
12. der Zärtlichkeit

Serafims Wegzehrung ist spartanisch. Man muß schon geduldig warten, um an diesem Morgen vor dem fünfstündigen Fußmarsch nach Vatopedi einen kleinen *helleniko* zu ergattern, aber dann erbarmt sich der Gastpater doch, öffnet noch einmal die Trapeza mit den dunkel leuchtenden Fresken Theophanes', wo es dann sogar ein ehrbares Frühstück mit Brot und Tannenhonig aus der klösterlichen Imkerei gibt. So verlassen wir Stavronikita, in jeder Hinsicht gestärkt. Noch einen Blick auf die Gärten, auf das Meer und den Berg und schon geht es schwer bepackt in den Wald, der bald höher und höher steigt und alle edlen Gedanken schwungvollen Aufbruchs auf ein strenges Maß unausweichlicher Anstrengung zu reduzieren beginnt. Haben wir beim Start noch einige Mühe, im Dickicht den richtigen Pfad zum nächstliegenden Kloster Pantokratoros zu finden, so erweist sich Alexis beim Anstieg als durchtrainierter Sportler, der uns wie eine Gazelle davoneilt. Bei dem Tempo, das er über Stock und Stein zulegt, sieht man ihm nicht an, daß nach dem Erwachen frühmorgens sein erster Griff der Zigarettenschachtel gilt. Couven und ich dagegen bekommen jetzt erst einmal die Strapazen des gestrigen Tages zu spüren. Schon beginnt die Sonne zu stechen, das Dornengestrüpp zerkratzt die Arme, und die ganze Schönheit dieser langgestreckten Küste, mit dem schneebedeckten Athosgipfel im Süden und den blauweißen Buchten im Nordosten, der Blütenpracht am Weg und dem ausgelassenen Zwitschern in der Luft, sie zerrinnt unter der Last des Anstiegs. Aber es ist der Preis, den jeder zahlen muß, damit über das, was der Athos ist, keine Mißverständnisse und Illusionen entstehen. Nicht nur, daß jede Ankunft auf dem Berg die Mühsal hundertfach lohnt, mehr noch: Sie lehrt auch ein klein bißchen davon, was die Mönche tatsächlich in diesem Paradiesgarten an körperlichem Einsatz leisten müssen, wenn sie hier mit doch mehr als bescheidenen Ansprüchen bestehen wollen. Harte Wald- und Gartenarbeit, lange Wanderungen über schwierige Bergpfade, das ist die tagtägliche Realität. Sie eignet sich, bei aller verschwenderischen Schönheit, nicht für eine Idylle und ist somit die glaubwürdige sichtbare Außenseite der noch mehr fordernden inneren Aufstiegen und Gratwanderungen, die in der Einsamkeit der Zellen immer wieder aufs neue unternommen werden. In den Apophtegmata Patrum, den alten Sprüchen der Mönchsväter aus der ägyptischen Wüste, die von vielen Betern auf dem Athos buchstäblich nachgelebt werden, sagt es Johannes Kollobos in unpathetischer Nüchternheit: »Was ist der Mönch? Mühsal, nichts als Mühsal ist der Mönch.«

Ganz bedrückt von meinen kleinen Leiden, kommt mir unterwegs, nach dieser nächtlichen marianischen Liturgie, der ständige Streit unserer westlichen Theologen und ihrer amtlichen Aufpasser in den Sinn. Jene verbitterte Dame, die mit geschminkten dünnen Lippen im Fernsehen die Jungfrauengeburt so lieblos anfocht, oder jene Zensoren, die in den Hinterzimmern ihrer Unterkommissionen eifernd die Liebe verraten: Man sollte sie alle hierher schicken und über den Berg treiben, schwer bepackt mit der Last ihrer aufdringlichen Bestseller und listigen Expertisen, nur einige Stunden, nur bis zur nächstgelegenen Kapelle, und es würde bald wieder Frieden zwischen den verschiedenen theologischen Lagern sein.

Als wir nach knapp zwei Stunden aus dem Wald treten und vor uns auf einem Felsen das Kloster Pantokratoros erblicken, schwindet alle innere Unruhe. Es ist noch früher Morgen, zwei Mönche graben in den Gärten. Ganz still die Höfe und Ställe längs des Pfades, der hinauf zur russischen Skite des Propheten Elias führt. Maultiere grasen im Schatten unter den Bäumen. In der Tiefe des glasklaren Hafenbeckens erkennt man die kleinsten Kieselsteine. Außerhalb der Klostermauer plätschert ein Brunnen, von dem die Legende erzählt, er habe beim Ikonenwunder der Gerontissa-Madonna eine besondere Rolle gespielt. Wenn die Anstrengung groß war, werden die Dinge ganz dicht, einfach, elementar, und so empfinden wir diesen Morgen in Pantokratoros wie eine betörende Frische, die zur Gelassenheit einlädt. Jetzt erst einmal den Rucksack absetzen, die Beine ausstrecken, nur kein Programm, kein Zeremoniell, keine Pflichten. Und tatsächlich, es drückt und drängt niemand, der Gastvater läßt sich nicht blicken, die weißen Balkone sind menschenleer. Der gekalkte kleine Hof steigt schräg zum dunkelroten Katholikon an, und in den Bäumen leuchten kräftig die Orangen.

So bleibt allein der Eindruck jener großen Ikone über dem Portal, die dem Kloster seinen Namen gab, Pantokrator, der Allherrscher, der in dieser frühen Ereignislosigkeit seinem Anspruch alle Ehre macht. Ein reifer, strenger Christus mit vollem Bart und dichtem Haar, mit Kreuznimbus und Faltengewand, seine Linke drückt das Evangelienbuch an die Brust, die Rechte spendet den Segen. Ja, es ist so, als sei das Symbolspiel dieser Hand die einzige Bewegung im weitläufigen Kloster. Sie soll mit den aneinander gelegten Fingern zugleich Dreifaltigkeit und Inkarnation bezeugen und die

Tradition des Ostens bekräftigen, daß Theologie und Liturgie, Lehre und Gebet ganz natürlich eins sind, vital ineinander übergehen. Auch solche Zeichen wünscht man sich, wenn man aus dem Westen kommt. So füllen die drei Finger desjenigen, der sich in der Geheimen Offenbarung »das Alpha und das Omega« nennt, diese Pause des Daseins aus. »Der Herr und Gott, der ist und der war und der kommt, der Allherrscher.«

Das Katholikon ist der Verklärung des Herrn, der *metamorphosis tou Christou* geweiht, und es sind Berichte überliefert, daß dieses Hochfest in Pantokratoros im Anschluß an die stundenlangen Liturgien mitunter auch in sehr weltliche Feste ausgeufert ist. Der nationalen Sache Griechenlands immer stark verbunden, waren dieses strategisch wichtige Kloster an der Ostküste und sein sicherer Hafen wiederholt auch Stützpunkt und Zuflucht von finsteren Gestalten. So konnte beobachtet werden, daß Seeräuber oder Widerständler im Schutz der Dunkelheit vom wohlwollenden Archimandriten aus Gründen konspirativer Solidarität einfach dem Noviziat zugeteilt wurden. Für die Verfolger waren sie somit fürs erste nicht von den wahren Mönchsanwärtern zu unterscheiden.

Es soll vorgekommen sein, daß noch ganz andere Metamorphosen hier geschahen. In Erich Feigls Athosbuch mit dem bezeichnenden Titel »Vorhölle zum Paradies« heißt es an entsprechender Stelle: »Wenn ich an jenes Panigyron zurückdenke, fallen mir Wein und tausend Gaumenfreuden ein: alle nur vorstellbaren Meerestiere, köstliches Öl, Salate, Kolyva und Wein, Wein und noch einmal Wein, und das alles bei hereinbrechender Nacht in der Atmosphäre einer monastischen Trapeza mit Kerzenlicht, den im Flammengeflacker zu Leben erwachenden Gestalten der Sünder, Büßer und Beter an den Wänden… Nicht nur Ovid, auch Petronius

hätte hellste Freude daran haben müssen, von den bekannten Neigungen der Spartaner ganz zu schweigen.«
Über jene »Neigungen« ist natürlich im Laufe der Zeit
viel Tinte geflossen. Jacques Lacarriere erzählt in seinem Buch »L'été grec« jene erschütternde Szene, wo ihn
ein liebesbedürftiger Mönch stürmisch umwirbt und
nach wiederholter, schließlich energischer Abweisung
in Tränen ausbricht und davonläuft. Auch Alexis, der
hier mit einem befreundeten Tänzer des Moskauer Bol-
schoi-Balletts auftauchte, machte ähnliche Erfahrungen. Er hat uns freimütig und sehr feinfühlig darüber
berichtet und wie selbstverständlich jene Realität sexu-
eller Bedrängnis, die sich in diesen geschlossenen Män-
nergesellschaften einnisten kann, offen angesprochen.

Uns selbst ist bei zwei Athosaufenthalten nichts
dergleichen widerfahren, aber gewiß gibt es derartige
Heimsuchungen, und es kann kein Zweifel daran bestehen, daß die jahrtausendealte Aussperrung der Frauen
auch so etwas wie einen sinnlichen Klimawechsel aus-
löst. Zärtlichkeit oder Eleganz bewirken hier eine ganz
andere Ausstrahlung als im normalen Leben, wo sie par
excellence zum Ewigweiblichen gehören.

Die uralte Schule christlicher Askese wußte darum
auch lange vor den wissenschaftlichen Entdeckungen
der Tiefenpsychologie von den heilenden Mitteln des
therapeutischen Gesprächs zwischen dem »geistlichen
Vater« und dem ihm total vertrauenden, von »Dämonen« verfolgten Sohn. Die Bedeutung des Unbewußten
und die Gefahren der Verdrängung waren klar erkannt
als »List des Erzfeindes«, dem man zwar nicht mit ana-
lytischen Couchdialogen, jedoch mit der befreienden
Kraft der nichts verheimlichenden Beichte zu Leibe
rückte. »Das versteckte Denken verdirbt das Herz, wer
versteckt, erkrankt«, so mahnte der in der ägyptischen
Wüste erprobte lateinische Mönchsvater Cassian. Der

55

von »Versuchungen des Fleisches« wahrlich nicht ver-
schonte Lehrmeister mönchischer Askese, Evagrios
Pontikos (399), legte gar einen detaillierten Katalog aus-
gefeilter Ratschläge an, eine »Praxis«, mittels derer sich
die Beter vor den »Gedanken« zu schützen suchten. Er-
staunlicherweise spielen in diesem Kompendium die
uns so sehr in Atem haltenden Freß- und Wollüste nur
eine untergeordnete Rolle. Wer höher steigt im geistlichen Leben, bekommt es mit ganz anderen Kräften zu
tun, und Evagrios, der die ganze Phalanx byzantinischer
Mystiker von Johannes Klimakos, Isaak dem Syrer,
Symeon dem Neuen Theologen, Maximus Confessor
bis hin zu den Vätern der »Herzensstille« geprägt hat,
bringt seine Erfahrungen mit dem Bösen scharfsinnig
auf einen einzigen Punkt: die Eigenliebe, die alles, was
außerhalb des eigenen Ichs liegt, haßt.

13. Lazarus und sein Freund

Wir erleben Pantokratoros von seiner ungetrübten Seite. Vater Athanasius, ein betagter ehemaliger Seemann, der erst nach langen Irrfahrten über die Weltmeere im stillen Hafen des Athosklosters anlegte, kocht uns vergnügt einen schwarzen *helleniko* und gönnt sich zusammen mit Alexis ein von Zigarettenqualm umwölktes Plauderstündchen. Die anderen Mönche murmeln unterdessen im Katholikon das Stundengebet und ziehen es dabei vor, von den Besuchern aus dem Westen nicht gestört zu werden. In ihrer Kirche befindet sich jene berühmte Gerontissa-Ikone, die eine weinende Muttergottes vor einem überlaufenden Ölkrug zeigt.

Zusammen mit der Portaitissa aus Iwiron und der zartküssenden Glykophilusa aus Philoteou zählt sie zu den drei großen Stützen, die den Bestand des Heiligen Berges garantieren sollen. Der Gerontissa wird neben zahlreichen anderen wundersamen Begebenheiten auch die Rettung des Klosters beim Großbrand im Jahre 1950 zugeschrieben. Während ein Sturm das Feuer immer wieder anfachte und die aus Karyes und den Nachbarklöstern herbeigeeilten Helfer ihre Bemühungen fast schon aufgeben wollten, besannen sich die Mönche von Pantokratoros plötzlich auf ihre wahre Beschützerin. In geschlossener Prozession zogen sie mit dem Gnadenbild der Weinenden an den Brandherd; und sogleich trat Windstille ein, die Gefahr war gebannt.

Der Waldweg nach Vatopedi führt am Friedhof vorbei, und bisweilen scheint es so, als ob dies auf dem

Athos ein verachteter Ort sei. Kein Vergleich jedenfalls mit dem Todespomp und Abschiedskult bei uns im Westen. Von Grabpflege oder Blumenschmuck keine Spur. Das Gelände gleicht eher einer verwahrlosten Wiese mit kniehohem, verwelktem Gras und Gestrüpp. Lediglich einige windschiefe Holzkreuze erinnern daran, wessen Bezirk sich hier befindet. Die Inschriften sind meist abgeblättert, um einige Querhölzer baumelt eine abgenutzte Gebetsschnur. Keine Kieswege, kein dezenter Heckenschnitt, keine Denkmäler. Nur eine melancholische Zypresse als kleine Konzession an irdische Trauer.

Von Vater Makarios, einem in den Wäldern bei Chilandar lebenden deutschen Mönch, weiß ich, daß eben hier Glaube und Leben des Athos konsequent ineinander übergehen. Ganz selbstverständlich gehört der Tod dazu. »Denn unseres Lebens Summe sind siebzig Jahr, und sind wir rüstig, können es achtzig sein«, so rezitiert er aus den Psalmen, »und all ihr Prangen ist Mühsal und Nichtigkeit, denn flüchtig gehen sie vorbei, und wir fliegen dahin.« Er sagt es mit einem belehrenden Lächeln des Bedauerns, so als könne er es leider auch nicht ändern, und im unverwechselbaren Dialekt seiner alten Schwarzwaldheimat meint er: »Dann ziehe se di dä Labbe über dä Kopp und aus...« »Dä Labbe«, das ist jenes einfache schwarze Mönchskleid, in das der Tote auf dem Boden seiner Zelle eingenäht wird, so wie es von den Lazarus- und Auferstehungsikonen bekannt ist. Der Mönch in einem solchen Totenkleid, das ist irgendwie schon Lazarus, der zur nahen Auferstehung berufene »Freund des Herrn«. So macht man sich auch bei der Bestattung keine Sorgen um würdevolle Abschiedspietät.

Das Grab, das nur einen halben Meter tief ist, wird nicht etwa eigens ausgehoben, sondern ist meist jenes, das seit der letzten Exhumierung offen blieb. Denn spätestens drei Jahre nach der Beerdigung wird der Verstorbene wieder ausgegraben, um schließlich bei der »schweigenden Mehrheit« im Nekrotapheion, dem Totenhaus, eine letzte Bleibe zu finden. Der Schädel, der mit Wein gewaschen wird, kommt ins Vorhaus, meist mit Namen und Daten beschriftet. Die Gebeine landen im Keller, meterhoch aufgestapelt, wie Holz für den Winter. Jeden Morgen kommt der Klosterpförtner auf den Friedhof, um Gräber und Gebeine zu beweihräuchern und das hier aufgestellte ewige Licht zu betreuen. Samstags nachts erscheint die Gemeinschaft und singt in der Kapelle eine Totenliturgie. Dabei glaubt man sehr präzise von jedem verstorbenen Mitbruder zu wissen, wie weit ihn sein Seelenführer am Tor zum Jenseits vorgelassen hat. Darüber gibt – nach einem obskuren, jahrtausendealten Ritual – die Ausgrabung geheimnisvollen Aufschluß. Ausströmender Wohlgeruch der Überreste läßt auf ein heiligmäßiges Leben schließen. Ein weißer Totenschädel bedeutet die Rettung der Seele des Verstorbenen, ein schwarzer verpflichtet die Überlebenden zu innigstem Gebet, ein gelber Schädel schließlich läßt keinen Zweifel: Der Tote ist in die Herrlichkeit eingegangen. Die Athostradition weist nach, daß die Ergebnisse solcher Schädelwaschungen keineswegs Überraschungen auslösen. Ganz vertraut mit dem Leben und Sterben des Mitbruders, besitzen die Mönche bereits eine Vorahnung über dessen Bestimmung. Da ist eine Vertrautheit mit dem Jenseits, wie sie etwa aus tibetanischen Totenkulten bekannt ist. Aber selbst die moderne Sterbeforschung, die sich auf Erfahrungen reanimierter klinisch Toter stützt, kennt jene kuriose Figur des auf Athosikonen auftauchenden »Psychopompos«, der die hingeschiedene Seele am Rande der Ewigkeit erwartet und in Empfang nimmt.

LAZARUS UND SEIN FREUND

Nachdenklich in den Hochwald steigend, begreifen wir, daß es doch nicht so sehr ein »Ort der Verachtung« war, den wir soeben mit einigen verwitterten Kreuzen und einem offenen Grab in dieser wilden Wiese besucht haben. Es ist nur die dunkle Rückseite der glänzenden Klöster, ihre Deponie. Die nahtlose Konsequenz eines Lebens, das ganz auf die Auferstehung und Verklärung hin gelebt wird. »Vita mutatur non tollitur«, so sang man früher in unseren schaurig schönen Requiemmessen. »Denn Deinen Heiligen, o Herr, wird das Leben nur verwandelt, nicht genommen.« Schweigend klettern wir über den Felsenpfad. Ringsum betörende Frühlingsblumen, über uns der blaue Himmel, ganz tief unten das ausgelassene Spiel des Meeres. Mögen Lazarus und sein Freund uns verzeihen: Mehr denn je gierig und glühend, lieben wir unser Leben.

14. Das Serbenkloster im Krieg

Vater Kyrill ist ein sehr kleiner Mönch. Fast zwergenhaft steht er im langen, schwarzen Ornat vor den meterhohen Heiligen der Ikonostase. Möchte er die Bilder des Erlösers und der Jungfrau küssen, muß er seinen Kopf hoch strecken. Schwenkt er das mit kleinen Schellen bestückte Weihrauchfaß, berührt es fast die Mosaiken der Steinfließen. Aber wenn er die Kirche durchschreitet und in alle Himmelsrichtungen intensive Rauchwolken verbreitet, fällt auf, daß es in einer sonderbaren Mischung aus Demut und Selbstbewußtsein geschieht. Der Gnom beherrscht zugleich das Ausgewischte und Strenge. Nähert er sich den Nicht-Orthodoxen, die man im Katholikon ganz nach hinten verbannt hat, so gilt, im Gegensatz zu manch anderen Athosklöstern, auch ihnen sein Segensgruß. Der breite, graue Bartfries scheint ihn noch kleiner zu machen, doch hebt er die Augen, so leuchtet darin herrliches Hellblau, rein und tief, wie draußen vor der Küste das ägäische Meer. Es ist ein gütig prüfender Blick, den er einem zuwirft, ein Appell, jedes Detail dieser Kirche, dieses Klosters als Teil der hier ständig zelebrierten göttlichen Liturgie zu empfinden, in der sich der mystische Christus verleiblicht und so »alles in allem« waltet. Die Schellen an den Silberketten rasseln schrill bei seinem Umzug, bei seinem Gestikulieren, während die Weihrauchwolken von den Strahlen der Frühsonne durchstochen werden und sein Schatten plötzlich überlebensgroß die Bilderwände hochfährt. Schließt sich endlich hinter ihm die Heilige Pforte, die den dunklen Altarraum vom Naos trennt, glaubt man Zeuge eines »Vorübergangs« gewesen zu sein.

Die stille Sorge Vater Kyrills um die Fremden berührt auch, als die Mönche nach dem Gottesdienst in einer Prozession das Katholikon verlassen und er, irgendein Segenskreuz noch in der Linken, die Faust zweimal rasch zum Mund führt. Ganz unfeierlich kündigt er uns damit an, daß nunmehr das Liebesmahl gegenüber in der Trapeza mit anderen, sehr weltlichen Mitteln fortgesetzt wird. Es ist sieben Uhr in der Frühe, und auf den langen Holztischen glitzern in diesem dunklen Raum die Schüsseln und Platten mit Pasticcio, Salaten, Knoblauchzehen, Schafskäse, Quark und Weißbrot. Über den Tellern gebeugt, die hohen schwarzen Hüte noch immer auf dem Kopf, nehmen die Mönche das Essen zu sich. Über das leise Geklicke der Gläser und Bestecke erhebt sich allein die sonore Stimme des Lektors, der uns heute aus einem klassischen Werk der mittelalterlichen serbischen Literatur vorliest. Als er den Titel ankündigt, funkelt es stolz in den Augen meines Tischgenossen Dmitar. Dann bietet er mir die Weinkanne an, so als wolle er anstoßen auf das in diesem Raum so handgreifliche Schicksal seines in einen heftigen Krieg verwickelten, und wie er glaubt, von der ganzen Welt mißverstandenen Volkes. Wo, wenn nicht in diesem Refektorium, wäre der angemessene Ort innigen Gedenkens an die kämpferische Heimat? Die Westwand des Raumes bildet selbst einen Teil der äußeren Verteidigungswälle des Klosters, die mit Zinnen bewehrt waren. Neben Aposteln und Propheten leuchten in diesem clair-obscur auch die »heiligen Krieger« Demetrius, Georg, Artemis und Prokopius; martialische Gestalten mit Schild und Schwert, die es ratsam erscheinen lassen, sich an den blank gescheuerten Tischen kräftig zu stärken. Deshalb zögere ich selbst in dieser frühen Stunde nicht, mein Glas hinzuhalten, in das der junge Serbe, mit einem verkniffenen Grinsen, den schweren, bräunlichen Harzwein spritzen läßt.

Ich bin Dmitar gestern zum erstenmal begegnet. Zusammen mit vier anderen in Schweden lebenden Serben verließ er die Fähre an der ersten Anlegestelle der Westküste, unweit des verfallenen russischen Klosterguts Chromitsa. Griechische Passagiere mochten es nicht besonders, wenn man sie auf die slawischen Athosklöster ansprach, und beantworteten unsere Fragen zum besten Weg nach Chilandar abweisend. Zwei, drei Stunden brummte der eine, fünf der andere; weit, weit gehe es über den Bergkamm. Aber am Ufer stand ein sympathischer serbischer Mönch, der unter seiner kurzen Kutte schwarze Jeans trug und eher Bob Dylan als dem heiligen Euthymius glich. »There is a car«, lächelte er, und schon flogen die Rucksäcke in den Fond eines Geländewagens japanischer Konstruktion. Anderthalb Stunde waren wir auf der staubigen Bergpiste unterwegs, manchmal nur im Schrittempo. Zusammen mit Dmitar und den anderen schweigsamen Serben eng im offenen Wagen hockend. Fast wie im Krieg, sagte einer. Manchmal mußte man vor Ästen in Deckung gehen, dann rüttelte und schüttelte uns der Wagen durch ausgetrocknete Bachbette, später neigte er sich über Abgründe. Es war heiß und einer der Serben bot Wasser an, eine erste feine Geste der Annäherung, er spülte sogar den Flaschenhals. Schließlich eine scheue Frage aus dem Fahrerhaus nach unserer Herkunft. Belgien. Sie schüttelten unsere Hände, stoppten den Wagen, jemand radebrechte französisch. So näherten wir uns allmählich der Ostküste, unten lag schon die Ruine des Chrusia-Turms aus dem 14. Jahrhundert, eine Festung, die später den Namen »St. Basilios am Meer« erhielt und Christi Himmel-

fahrt geweiht war. Die Serben bekreuzigten sich dreimal. »Immer war Krieg«, flüsterte Dmitar. Dann führte
der Weg von der Küste hinauf in den Wald. Schließlich
auf der vier Kilometer langen Strecke bis zum Kloster
noch zwei Befestigungswerke, der Albaner- und der
Verklärungsturm. Chilandar war immer begehrt, war
immer umkämpft. Als dann der Wagen neben dem Eingangstor endlich anhielt, bot sich das Bild einer gewaltigen Festung. Ganz dicht reichte der Hochwald an die bis
zu dreißig Meter hohen Mauern heran. Tiefer lagen Gärten, wie mit dem Lineal gezogen. Weitere Türme ragten
über die Zinnen hinaus. Blendarkaden, Wehrgänge wurden sichtbar. Dmitar küßte die Mauern. »Auf diesen
Augenblick habe ich mein Leben lang gewartet«,
schluchzte er, »das mußt du wissen, Fremder, Chilandar
ist Serbiens Heiligtum«.
Das Kloster hat nur einen einzigen Zugang, an der
Nordseite der Befestigungswälle. Das Eingangstor mit
seinen doppelten eisenbeschlagenen Holztüren wirkt
wie eine geballte Faust. Aber sie ist freskenverziert mit
Szenen aus den Leben Mariens und des heiligen Sava,
des Nationalheiligen. Auch erkennt man das Anlitz des
Gekreuzigten mit jenen herben, ausgelebten Gesichts-
zügen des Turiner Leichentuchs. Der Boden wie ge-
schliffen, wer kam je durch diese enge Pforte?
Um Serbien tobte der Krieg und wer in Tagen neuer
Offensiven gegen die Zivilbevölkerung von Sarajewo
und Geiselnahmen von UN-Soldaten dieses Kloster betrat, tat dies behutsam, fast wie über einem Minenfeld.
Auf der Terasse oben im Besucherflügel erschien der
Gastpater, ein großer, dunkler Mönch, der den Neuan-
kömmlingen lässig die Hand zum Kuß hinhielt. Schon
ließ er Raki, Helleniko, Wasser und Loukoumi zur Begrüßung auftragen und zog seine serbischen Gäste in ein
erstes Gespräch. Obwohl wir kein Wort verstanden, be-

stand kein Zweifel, worüber sie sprachen. Vor allem der
Vater führte das Wort. Der Vater, ein etwa fünfzigjähri-
ger, traurig wirkender Mann, der allerdings jetzt die ganze Macht seines neuesten Wissenstandes auszuspielen
begann. Wie gebannt hingen die Landsleute an seinen
Lippen, die er in eine sonderbare Schräge zu bringen ver-
mochte, als leide er unter einer Lähmung. Geschwind
wirbelten seine langen, weißen Finger durch die Luft,
Angriffe und Exekutionen simulierend. Schließlich stei-
gerte er seine Dramaturgie, indem er besonders brisante
Passagen mit einem erschreckenden Augenaufschlag
begleitete, der seine dunklen Pupillen für Sekunden unter den Brauen verschwinden ließ. Dann starrte er uns
wie ein Blinder an, bis sich die milchige Leere wieder mit
Leben erfüllte und er sein Gesicht mit beiden Händen verbarg: übernächtigt, illusionslos, zu allen heiligen
Kriegen bereit und entschlossen.

Als ich bei sinkender Sonne zu einem Rundgang
durch den Klosterbezirk aufbreche, spüre ich welch
sonderbare Stille Chilandar umgibt. Auf Schritt und
Tritt wechselt die alte, mißtrauische Wehrhaftigkeit der
Gebäude in mildere, sakrale Übergänge, so als verweise
das riesige, befestigte Oval allein auf die einzig notwendige Mitte des Katholikons. Schaut man näher hin, fällt
auf, wie gepflegt die Anlage ist, deren alte Ziegel und
Bruchsteine abwechselnd rot-weiße Impressionen verbreiten und unter ihren Gewölben Weinpresse, Brunnen und Zisterne bergen. Im schmalen Gang zwischen
Apsis und Wohntrakt stehen Lorbeer- und Pfirsichbäu-
me, deren Äste sich sanft zur Kirche beugen. Ein junger
Mönch grüßt österlich mit »Christos anesti«, während
in der Unterkirche des Friedhofs die Totenköpfe wie
eine zum letzten Salut angetretene, der Auferstehung
harrende Ehrenformation säuberlich aufgereiht stehen.
Eine brennende Kerze bezeugt in diesem dunklen Ver-

lies, daß sich hier ein dieser Gemeinschaft vertrauter Ort der ständigen Einübung ins Sterben befindet.

So versteckt im dichten Wald, umgeben von Hügeln, wirkt Chilandar wie in die Landschaft hineinkomponiert. Das serbische Kloster in dieser grünen Nische ist seit den 11. Jahrhundert bezeugt. Von Piraten verwüstet, blüht in den Ruinen neues Leben auf, als sich Fürst Stefan Nemanja und sein Sohn diesem Talkessel zuwenden, den sie als zum geistlichen Leben bekehrte Mönche Simeon und Sava vom byzantinischen Kaiser als »ewiges Geschenk für die Serben« erhalten. Jetzt beginnt eine große, stürmische Jahrtausendgeschichte, die auf brisante Weise erfüllt ist von Zeiten spiritueller Hochblüte und von brutalstem Gemetzel. Eifrige Maler streben ebenso nach Chilandar wie spanische Söldner und türkische Eroberer. Großserbien ist ohne den Glanz und die Ernsthaftigkeit, die die Äbte, Künstler, Literaten und Handwerker durch die Jahrhunderte verbreiten, undenkbar. Reich und Kirche sind zutiefst verflochten, und alle großen Herausforderungen – die Aussöhnung mit Konstantinopel, die fünf Jahrhunderte andauernde Türkenherrschaft und die auffallend enge Freundschaft Serbiens mit dem russischen Zarenreich – werden von stiller, geschickter Hand im abgelegenen Athoskloster gelenkt. Iwan der Schreckliche beugt sein Knie vor dem Chilandar-Abt Pajsije wie die Fürsten der Walachei, Südungarns, Sarajewos, Bulgariens oder der Ukraine. Droht Gefahr, schart man sich bis zum heutigen Tag um die wundertätige Prozessionsikone der »Dreihändigen Muttergottes«, das größte Heiligtum des mit Schätzen so reichlich gesegneten Klosters.

Als dieses Jahr Abt Mitrofan zur Feier der Osternacht schritt, war er umgeben von rund 200 serbischen Autoren, Künstlern und Intellektuellen, die in den stürmischen Kriegszeiten mehr denn je ihr Waldkloster auf

66

dem Athos aufsuchen, das sie als das eigentliche Herz ihres Glaubens und ihrer Heimat empfinden. »Nichts geschieht in Chilandar«, so erklärt mir der in Köln bei der »Deutschen Welle« arbeitende Journalist Dusan Pejcic, »ohne daß es in Serbien registriert wird«. Mein Tischgenosse Dmitar, der während des Frühstücks vier Knoblauchzehen verzehrte, verkündet mit leuchtenden Augen: »Chilandar ist unser Mekka«.

Aber dieser Vergleich läßt ihn selbst gleich zusammenzucken, denn, wann immer an diesem Ort tiefen klösterlichen Friedens vom Krieg die Rede ist, sind die Moslems der gefürchtete und fürchterliche Feind, dem es standhaft, im wahren orthodoxen Glauben gefestigt, zu widerstehen gilt. Selbst der milde lächelnde kleine Vater Kyrill läßt sich bei diesem Thema zu einer unmißverständlichen Handbewegung hinreißen, die deutlich macht, daß die eifernden Anhänger des Propheten nur eines im Sinn hätten: den verhaßten Christen die Gurgel zu durchschneiden. Dreimal bewegt er seine Hand vor dem Adamsapfel hin und her. Westliche Vermittlungsbemühungen oder gar ökumenische Ratschläge will er um nichts in der Welt gelten lassen. »Sie sind nicht nur bei uns, sie sind überall, bald werdet ihr sie zu spüren bekommen«, flüstert er drohend, und wieder geht seine Hand geschwind, wie mit einen Messer, von einem bis zum anderen Ohr. Dann zeigt er mit erhobenen Finger in den Abendhimmel: »Gott beobachtet, er sieht alles. Wehe, wenn er zu warten aufhört…« Auf mein bohrendes Fragen, ob denn nicht gerade von diesem Kloster ein Friedenszeichen ausgehen müsse, lächelt er weltabgewandt: »Wir rühmen uns ebenso unserer Bedrängnis; denn wir wissen: Bedrängnis bewirkt Geduld, Geduld aber Bewährung, Bewährung Hoffnung. Die Hoffnung aber läßt nicht zugrunde gehen…«

Die Nachrichten, die über Parabolantennen, Transi-

storen und Handys in die Jungfräulichkeit der anbrechenden Athosnacht einsickerten, waren schlecht. Die
Lage in den serbischen Enklaven Bosniens verschärfte
sich gravierend. 200 UN-Soldaten wurden in Pale als
menschliche Schutzschilde an Munitionsbunker und
Waffendepots gekettet. Zwölf NATO-Jets flogen innerhalb von 24 Stunden den zweiten Luftangriff auf serbische Stellungen. Auf die Wohngebiete Sarajewos
wurden erneut Granaten abgefeuert. Unterdessen ap-
pellierte der »Heilige Synod der Serbischen Orthodoxen
Kirche« an alle Verantwortlichen, »in diesem schicksal-
trächtigen Augenblick trotz des riesigen Drucks der
Mächtigen dieser Welt nicht die Staaten Bosnien und
Kroatien in deren künstlichen Grenzen anzuerkennen«.
Die Bildzeitung, so wurde im Kloster verbreitet, soll mit
der Balkenzeile getitelt haben: »Teuflische Serben«.

Es lag eine tückische Stille über Chilandar. Wie
schwarze Wände standen die Wälder dicht um das Kloster. Wild stürzten die Schwalben über die Zinnen.
Überraschend brach die Dunkelheit herein. Strom gab
es nicht, in den Nischen flackerten scheu einige Öllichter. Schatten huschten über den Hof. Raubvögel
schrien, in den Gartenteichen quakten die Frösche. Nebenan auf der Terasse diskutierten die Serben noch immer mit dem blassen Gastvater die neuesten Meldun-
gen. Erregte Stimmen am Rande der Nacht.

Gorazde, Bihac, Karadzic, Amerikani waren die
wenigen Brocken, die man verstand. Obwohl hunde-
müde, hinderte mich das entschlossene Gemurmel am
Einschlafen. Dann hörte ich plötzlich Gebete. Die Serben umarmten sich. Ihre kräftigen Schritte polterten auf
den Holzfluren. Eine Atmosphäre, als liege Chilandar
an der Front, als sei – wie schon so oft an diesem wehr-
haften Ort – ein dringender Befehl erfolgt, oben im alten Turm des hl. Sava die Wachenposten zu besetzen.

15. Die Zypressen von Vatopedi

Couven hatte uns wiederholt versichert, bei unserer zweiten Athosreise wolle er endlich den 2033 Meter hohen Gipfel ersteigen. Doch unterwegs nach Vatopedi, nach einer besonders mühsamen Etappe des Anstiegs in der prallen Sonne, stellte er diese anspruchsvollen Pläne erstmals in Frage. Alexis war uns längst leichten Fußes und mit freiem Oberkörper davon gehüpft. Ich selbst ließ eingangs eines Bogenganges im Hochwald erschöpft den Rucksack fallen und wartete auf Couven. Unter einem Schattendach aus Eichen und Lorbeer gestanden wir uns ein, nun doch nicht mehr die jüngsten zu sein, und frischten die erzwungene Pause mit einigen Würfeln Traubenzucker auf.

Hin und wieder öffnete sich der dichte Wald, und wir sahen hinab auf Pantokratoros, Stavronikita und Iwiron, die wie Felsennester an der blauen Küste klebten. Darüber das Athosmassiv, zunächst die grüne Baumgrenze, die uns unter diesen Umständen wahrhaft Ehrfurcht einflößte, dann aber jäh aufsteigende Steinschluchten, rosarot zum Gipfel hin, dessen Schneefelder in der Mittagssonne glänzten.

Plötzlich hören wir Rufe im einsamen Wald und erkennen bald die Stimme von Alexis, der sich zu sorgen beginnt, wo wir denn bleiben. Als wir schließlich jene Stelle erreichen, wo er seine sieben Sachen hingelegt hat, zieht er mit flinker Hand ein Handtuch weg und überrascht uns mit einem liebevoll angerichteten Mahl: in kleine Scheiben geschnittene Birnen, Äpfel und Mandarinen, ein Tischlein-deck-dich dreihundert Meter über dem Meer, ein »déjeuner sur l'herbe«, wie es frugaler und herrlicher nicht sein kann. Es ist eine große Lehrstunde über die Athos-Tischgemeinschaft, die diesmal ausnahmsweise am Boden einlädt, jedoch alles zu schenken vermag, was die heiligen Väter über Entsagung und Herrlichkeit, über brüderliches Teilen und hundertfachen Lohn offenbart haben.

Bald darauf einigen wir uns, daß ein jeder in dem ihm eigenen Rhythmus bis Vatopedi weiterwandert. Der schwierigste Teil des Weges ist schon zurückgelegt, bald lichtet sich der Wald, und wir erreichen jene Stelle, bis zu der sich die Zähne der Planierraupen vorgewälzt haben. Aufgerissene rote Erde, herumliegende Steinbrocken und umgestürzte Bäume: Da, wo der federnde Waldpfad in den staubigen Forstweg übergeht, liegt ein Grenzland der Verwüstung. Wenn man aus dem anstrengenden Schatten der Bäume kommt, empfindet man es wie eine Wunde. Hier oben entdecken wir bald einen Rastplatz mit einem alten *kellion*, einem Mönchsbauernhof. Maultiere haben vor kurzem noch unter den Ölbäumen gegrast, es werden wohl Waldarbeiter gewesen sein, die hier einen Unterschlupf suchten, denn die Gebäude mit einer wunderbaren Sicht über die Ostküste nach Jerrissos sind schon lange nicht mehr bewohnt. Über zerbrechliche Holzplanken erreichen wir drei Kaminzimmer mit umgestürzten Möbeln, zerbeultem Hausrat und herumliegenden Schuhen, so armselig, wie van Gogh sie gemalt hat.

Neben dem kleinen Stall eine Öffnung zur Kapelle, eine Miniaturausgabe östlicher Kirchenbaukunst mit Chorgestühl, Kerzenleuchtern und Ikonostase. Zum Osten hin ein kleines Fenster mit Blick auf den zugewachsenen Garten. Putz und Stein sind von den Wänden gebröckelt, das Holz der Bilderwand hat der hin-

durchfegende Wind grau und rissig gemacht. Ein Weih-
rauchfäßchen steht noch in der Nische und ist, ähnlich
wie die Drähte der Öllampen, mit Rost überzogen. Es
müssen sehr arme Mönche gewesen sein, die in dieser
Einsamkeit ein gemeinsames Leben gefristet haben.
Ihre dem Erzengel Michael und dem heiligen Gregor
geweihten Ikonen sind nicht von Hand gemalt, sondern
nur aufgeklebt. Jetzt lösen sie sich vom brüchigen Holz
und fransen an den Rändern aus. Die Hauptikone ist
eine Darstellung der Deesis: Maria zusammen mit Johannes dem Täufer in flehentlichem Gebet vor Christus
dem Weltenrichter. Wie ein Sonnenstrahl wirkt das Bild
an dieser Stätte des Ausgelebten, wo die beiden Arche-
typen der Heiligkeit den Wahnsinn ihrer Liebe für Menschen bezeugen, die auf ihre Fürsprache angewiesen
sind. Wie oft haben wohl die Mönche in dieser Stille die
Kerzen angezündet? Wie oft haben sie sich vor dieser
Ikone verbeugt und sie zärtlich geküßt? Alles scheint
vorbei und vorüber zu sein, aber in dieser Ruine ist immer noch ein Leuchten.

Als wir die Höhe des Bergkammes erreichen, treffen wir im Schatten einer riesigen Steineiche drei junge
Burschen, die sich vom Anstieg aus Vatopedi erholen.
Es ist schon Nachmittag, und sie wollen heute noch bis
Iwiron; so verschweigen wir ihnen rücksichtsvoll, was
ihnen noch bevorsteht. »One hour, may be less«, so
schätzen sie, sei es noch bis zu unserem Tagesziel, und
wir brechen schon wieder auf, hinab über den staubigen Forstweg in ein großes Tal, das sich zur Bucht hin
weit und einladend öffnet. Zunächst Pinien und Weißtannen, dann mächtige Platanen und zu den sanften
Höhen hin Kastanienwälder. Lichtes Grün, durch das
vereinzelt die Dächer von Einsiedlerhöfen brechen,
kleine Kapellenkuppeln wie Wasserblasen im Teich.
Zypressen und Gebimmel von Maultieren deuten an,

daß wir uns dem Kloster nähern. Ein Land-Rover der Athosgendarmen brummt vorbei und hüllt uns in eine dichte Staubwolke. Ein junger, fetter Grieche steigt schwitzend in der anderen Richtung bergauf, mit grün-weißer Bermudahose und Walkman. Dann aber die Zinnen von Vatopedi: Kuppeln, Türme, das Dächer-meer einer kleinen byzantinischen Stadt. Noch einige Wegschleifen und wir stehen vor der Pforte eines der größten und ältesten Athosklöster, das uns im Bogen-gang mit der Verkündigungsikone begrüßt. Unser drin-gendstes Interesse gilt dem sprudelnden Brunnen, und vor dem gütigen Blick der »Magd des Herrn« klatschen wir uns immer wieder das kalte Wasser ins Gesicht.

16.   Der Knabe im Brombeerstrauch

Man kann die Augen schließen. Schon glaubt man orientalische Händler zu erkennen, die mit ihren duftenden Schätzen einziehen. Flötenspieler bilden ein Spalier, Schlangenbeschwörer lassen sich in den Nischen nieder. Feuerschlucker und Haremsdamen schlüpfen durch die enge Pforte. Blökende Herden und Tambourschläge. Mit dem Weihrauch vermischt sich bereits der blaue Qualm bratender Hammel, und das Glockenspiel der Vesper geht unter im Geleier unermüdlicher Musikanten. Fackeln brennen bei hereinbrechender Dunkelheit auf den hohen Zinnen. Schattengestalten huschen um das Zelt des Sultans. Schon tänzeln verschleierte Schönheiten geräuschlos über die Marmorgänge. Noch ein erschreckendes Kichern, und die bleichen Väter flüchten stolpernd über verwinkelte Treppen, Stiegen, Mauerpfade hinauf in den Festungsturm. *Kyrie eleison*, so flehen sie im Verlies oberhalb der mit Gold- und Silberschätzen, mit wundertätigen Ikonen und kostbaren Handschriften vollgestopften Schatzkammer.

Aber es fällt schwer, in Vatopedi die Augen zu schließen und so die flüsternden Märchen aus Tausendundeiner Nacht einzulassen. Kurioserweise ist hier niemand eingedrungen, seitdem Athanasios, Nikolaos und Antonios, von der Großen Lawra kommend, in der zweiten Hälfte des 10. Jahrhunderts an dieser Stelle, wohlgeschützt am Golf, vor dem Hintergrund sanft ansteigender Hügel, das Kloster gründeten. Dieser Standort, so schön, so einladend und obendrein im Schatten des sicheren Bergrückens, ist natürlich längst eingewebt in das Geflecht der zahllosen Legenden, die auf dem Athos keiner dokumentierten Beweise bedürfen. Wenn sie nur den sagenumwobenen Kern des Unüberbietbaren bergen, das sich dem Drängen von Augenzeugen oder Schriftstücken souverän verweigert. Auch die Legende vom Ursprung Vatopedis schöpft aus dem reichen Fundus dieser Flüsterüberlieferungen. Ihnen genügt schon das Glück des Staunens, der Moment kindlichen Bewunderns, zuversichtlicher Freude über ein dann doch noch gutes Ende. Darin verbirgt sich freilich nichts anderes als die tiefe Sehnsucht nach »Erlösung«. So etwas muß dann einfach weitererzählt werden.

Nun, es soll kein Geringerer als der kleine Arkadius, ein Sohn Kaiser Theodosius I., gewesen sein, der hier nach einem schweren Seesturm an Land gespült wurde und in einem Brombeerstrauch wunderbare Rettung fand. Das Kind (pedi) und die Brombeere (wahtos) gaben dem Ort seinen wohlklingenden Namen. Da selbstverständlich auch diesmal nur die allheilige Gottesmutter die wild brodelnden Elemente am Athos mit sanfter Hand beruhigt haben konnte, wurde ihr das neue Kloster geweiht: der stillen Jungfrau, die mit ihrem Titel »Magd des Herrn« dem Gottvertrauen einen zeitlosen Namen gab.

Die selbstlose Bereitschaft der jungen Mirjam aus Nazareth, das ist natürlich unerschütterlicher Glaubensgrund, und es scheint, daß man in Vatopedi durch die Jahrhunderte an dieser anspruchsvollen Bestimmung nicht hat rütteln lassen. Das beherzte Eintreten für die Sache des Glaubens zeichnete schon den Vater des erretteten Knaben aus, denn Theodosius wurde ein glühender Anhänger des Bekenntnisses von Nizäa, das den am Kreuz gestorbenen und am dritten Tag wieder auferstandenen Sohn jener Mirjam in kraftvoller Zuversicht »Gott von Gott, Licht vom Licht, wahrer Gott vom wahren Gott, gezeugt, nicht geschaffen« zu nennen wagte. Damit waren die Einflüsse des Arianismus endgültig abgewehrt, und im Konzil des Jahres 381 besiegelte die Orthodoxie ihre Stellungnahme. Nach dem Bischof von Rom erhielt Konstantinopel den bis zum heutigen Tag gültigen Vorrang aller östlichen Patriarchate, und das Credo von Nizäa wurde das ökumenische der gesamten Kirche.

Arkadius folgte seinem Vater auf den Kaiserthron, erhielt nach der Reichsteilung auch Makedonien, wobei Thessaloniki in den Rang einer Präfekturhauptstadt avancierte. Eine geopolitische Konstellation, die sich seit jener stürmischen und schließlich glücklich verlaufenen Episode im Dornengestrüpp am Kieselstrand für die Klostergründung und den Heiligen Berg nur als segensreich erweisen konnte. So ist es nach dem sechsstündigen Marsch fast schon eine Frage des Bildungsbewußtseins, sich in dieser geschichtsträchtigen Bucht ein Bad zu gönnen. Alexis kommt uns erfrischt entgegen und rät, aus Gründen der Pietät doch etwas auf Distanz zu den Hafengebäuden zu achten. Dann springen wir kopfüber in die glasklare See, allerdings mit zuckendem Entsetzen, denn das Wasser ist Ende April noch eiskalt.

Aber es belebt uns für die bald schon bedrängend auf uns einstürzende Bilderflut im Labyrinth der Höfe, Kirchen und Kapellen von Vatopedi. So genießen wir die Stärkung, die uns ein junger, beleibter Küchenbruder im Gästehaus serviert. Linsensuppe, kaltes Sauerkraut, Oliven, Brot und Wasser.

Im weitläufigen Trakt bewohnen wir die Zelle neun. Ein großes Fenster geht zur Bucht hin, an den hohen Wänden hängen Porträts vornehmer Gönner aus den Fürstenhäusern Rumäniens. Exzellenzen mit

schwungvoll gedrechselten Schnurrbärten und ordens-
bestückten Gala-Uniformen.

Als dann allmählich der Abend kommt, taucht er
Vatopedi in ein ungeahntes Licht der Verzauberung.
Jetzt beginnen die Dinge zu leuchten. Es ist, als erreich-
ten erst in dieser Dämmerstunde die Kuppeln, Kreuze,
Fresken und Mosaike die wahre Fülle ihres Glanzes. Es
sind nicht nur all jene in den Nachschlagwerken der
Kunstgeschichte aufgelisteten Meisterwerke, Deesis,
Marienzyklus, Säulengänge oder Weihwasserbecken,
die sich mit der ganzen Kraft ihrer Farben erheben. Vielmehr wirken jetzt die kleinen, unaufdringlichen Details, das Lächeln eines untergeordneten Engels, das
Schimmern der Marmorsäulen im Apsisfenster, der
matte Glanz der Steinböden aus schwarzen und weißen Kieseln. Das Abendlicht versetzt alles in sanfte
Vibration. Wenn auch nur für Minuten, bevor alles
ins schwarze Tintenfaß der eilend hereinbrechenden
Nacht verschwindet, leuchtet noch einmal das alte Byzanz, wo das pralle Leben und der tiefe Glaube vital aus
demselben Brunnen schöpften.

Draußen im Golf sind jetzt Fischer unterwegs. Ein
leichtes Tuckern und die schwarzen Mönchsgestalten
greifen wie Schattenfiguren nach den Netzen. Im
dunklen Grün der Gärten hängen die Orangen wie Bäl-
le. Schwalben sausen in rasendem Tempo durch das
Vorzimmer der Nacht. Tiefste Stille ringsum und im
spiegelglatten Meer zieht die Wellenspur der Boote, die
bereits hinter dem Hügel verschwunden sind, ihre erschöpfte Bahn.

17. Der verlorene Sohn von Philoteou

Als sich die Dunkelheit des letzten Glitzerns der Klosteranlage bemächtigt, geht ein mächtiger Schlag zitternd durch die Stille der Nacht. Ihm folgen bald ein zweiter und dritter, die sich wie Ringe tiefen Brunnenwassers über Vatopedi ausbreiten. Kräftige Schläge eines Hammers auf hängendes Eisen, als gehe ein Schmied zu Werke, ein Kunstschmied allerdings, denn die Vielzahl der Schläge und Vibrationen, die jetzt folgten, sind Melodie und Botschaft zugleich: drängender Ruf an alle Mitglieder dieser Gemeinschaft, sofort herbeizueilen, alles stehen und liegen zu lassen und unmittelbar zur Agripnia, der Nachtfeier zum Gründonnerstag, in die Kirche zu kommen. So hört man bereits aus der Ferne das Geklapper der Sandalen auf den Marmortreppen, das Rauschen der Mönchsgewänder über die weiten Gänge. Dunkle Gestalten, die nach dem matt schimmernden, abgegriffenen Knauf der schweren Eisenpforte tasten, um sich dann mit tiefen Verbeugungen den Ikonen der Vorhalle zu nähern.

Ich höre sie die schwermütigen Öden des Andreas von Kreta singen, deren vierte Strophe von jenem großen Obergemach mit den Polstern handelt, das Petrus und Johannes in der Oberstadt von Jerusalem vorfanden, als sie ein Haus für das Pascha suchten. »Wohl dem«, so singen die Mönche im Halbrund der Nischen, »der dem Herrn sein Herz als Obergemach bereitet und seine Demut als Abendmahl.« Noch leidenschaftlicher dann der Lobpreis für die Theotokos, die Gottesgebärerin, deren

Antlitz allgegenwärtig hinter den Kerzen und Öllampen leuchtet, deren Unberührtheit die Ouvertüre zum Drama der anbrechenden Passion bildet, und die deshalb überschwenglich »Braut Gottes« genannt werden darf.

Wer vermag zu sagen, wie lange diese Wache in der sternenklaren Athosnacht dauert? Schon seit zwei Stunden in die Zelle zurückgekehrt, höre ich die Mönche noch immer unten beten und rufen, als ich nach dem ersten Schlaf noch einmal aufwache und einen Blick in das Labyrinth der Höfe wage...

Wie Kinder stehen wir an der Hafenmauer und drängen ungeduldig nach vorn, als das weiße Schiffchen hinter einem Felsenvorsprung in die Bucht einläuft. Ja, es ist ein Glücksgefühl, den wankenden Boden der »Chalkidiki Nr. 8« unter den Füßen zu spüren, den schweren Rucksack unter die Bank zu schieben, endlich von den Anstrengungen des Wanderns befreit, den frischen Seewind um die Nase. Vatopedi streckt sich in seiner blutroten, majestätischen Breite, und um den Bug beginnt verspielt die Gischt zu spritzen. Strahlender Himmel über dieser leuchtenden Küste, von der sich meilenweit verlassene Hafentürme und Felsenklöster abheben. Darüber das Athosmassiv und der entrückte Gipfel, als müsse das Letzte verhüllt bleiben.

Unser weißes Boot in diesem tiefblauen Meer, das ist eine heitere, sehr griechische Erfahrung, ganz aufs Wesentliche reduzierte Schönheit, der Glanz des Einfachen. Manchmal sind die Felsenufer zum Greifen nahe. In ihren Brüchen bergen sie die Schichten der Jahrtausende. Von der geduldigen See umspülte Marmor- und Granitblöcke, die sich zerklüftet aufrichten und dann doch im Widerstand gegen die Gezeiten bis zum demütigen Kieselrest in den Buchten aufgerieben werden. Es ist viel Platz auf unserem kleinen Schiff. Mal kann man sich im Bug zurückziehen, auf und ab getragen vom

Spiel der Wellen, mal auf dem Oberdeck eine Eskorte von Möwen und Fischen beim Streit um Brotkrumen beobachten. Der ruhelos um Kontakte und Kommunikation bemühte Alexis schafft es sogar, im Fond des Bootes eine Bekanntschaft mit Dimitrios Galitis zu knüpfen, der in Piräus einen guten Namen als Fischgroßhändler hat und übers ganze Gesicht strahlt, uns mit einem *helleniko* aus der Thermosflasche überraschen zu können. Als er dann mit einem Zähnefletschen zu grinsen beginnt, begreife ich, was ihn auf Anhieb so sympathisch macht: Er sieht Anthony Quinn in der Rolle des Alexis Sorbas zum Verwechseln ähnlich. Mitteilsam geworden weiht er uns in die Geheimnisse seiner Athosreise ein, immer wieder seinem kleinen blonden Jungen zärtlich um die Schultern greifend, so als fürchte er, ihn zu verlieren. Von »Verlust« ist dann auch immer wieder die Rede, und Dimitrios zeigt stets mit gekrümmtem Daumen zur Küste, so als beschuldige er den gesamten Heiligen Berg, ihm das Beste und Liebste geraubt zu haben: seinen ältesten Sohn Timotheus, der mit achtzehn Jahren nicht mehr im elterlichen Haus zu halten war und als Novize in das Kloster Philotheou eingetreten ist. Seine Frau und der Pope hätten den Jungen auf dem Gewissen, seufzt der Alte. Alles hätte er für ihn getan, die ganze Halle mit den eisgekühlten Tintenfischen und Sardinen, sein Lebenswerk und Vermögen, habe er eingesetzt. Aber nichts zu machen. Er habe es mit Geld und guten Worten versucht, habe gedroht und geschlagen. Ohne Wirkung. Eine USA-Reise habe der Bengel ausgeschlagen, die leichten Mädchen, die er ihm von einem »guten Bekannten« unters Fenster stellen ließ, habe er nicht einmal beachtet. Den Sportwagen, den er ihm zum Geburtstag schenkte, habe er gar den »Schwarzen« als Spende angeboten. »Undank, mein Herr«, so jammert unser betrübter Sor-

bas, der jetzt seine ganzen Hoffnungen auf den Kleinsten setzt, der die Kummergeschichte seines Herrn Papa
mit einem undurchsichtigen Grinsen begleitet. Kein
Wunder, daß des Fischmillionärs Gespräche mit den
Mönchen auf unserem Boot nicht immer die freund-
lichsten sind.

Wir sind deshalb alle gespannt auf das Wiedersehen, als die »Chalkidiki Nr. 8« mit dem untröstlichen
Vater eines verlorenen Sohnes endlich im Hafen des
fünfhundert Meter höher gelegenen Klosters Philoteou
einläuft. Zusammen mit dem Jüngsten geht Dimitrios
als einziger von Bord. Am Kai steht – wie ein Seraph –
Timotheus, der hier den Klosternamen Gavril erhalten
hat. Verträumt, abwesend sieht er dem Landemanöver
der Seinen zu. Ein schmächtiges, bleiches Kerlchen mit
Nickelbrille und blondem Bartpflaum, dem man gleich
ansieht, daß ihn die alten Schriften der Wüstenväter
und Heiligen weitaus mehr interessieren als reizende
Mädchen, Sportlimousinen und die Fische des ständig
plappernden Papas.

Klar, daß er zwar seinen kleinen Bruder zärtlich begrüßt, für den alten Herrn jedoch nur einen kurzen und
lässigen Klaps übrig hat. Während unser Schiff schon
mit Kurs auf die Lawra ablegt, sehen wir die drei Galitis
auf den bereitstehenden Unimog steigen. Dimitrios
winkt uns, auf das Mönchlein zeigend, aufgeregt zu. An
seiner Hand glänzen Ringe und eine goldene Uhr. In
dieser Geste liegt auch ein Geständnis der Machtlosig-
keit, so als wolle er sagen: »Das ist der Teufelskerl, eigentlich sollte er wie sein Vater ein Kalamareskönig
werden, und jetzt betet er nächtelang Psalmen.« »So
was« hat ausgerechnet er sich großgezogen. Auf die
beiden Burschen einredend, vom Lastwagen hin und
her geschaukelt und uns immer noch zuwinkend,
braust er den Klosterberg hinauf.

18. Das Geheimnis der Amalfitaner

Ohne Zweifel eine ergreifende Szene: das Meer, die rasch aufsteigenden Wälder, oben dann ein Turm, 180 Meter hoch und mit seinen Zinnen und Schießscharten wie ein Monument des Raubrittertums. Die Ruine ganz eingefangen von ehrgeizigem Hochwald, der in kühnen Schwüngen bis zur Baumgrenze reicht und dann in das wuchtige Athosmassiv übergeht, das sich an dieser Stelle mit jähen Felsvorsprüngen und Schneefeldern in ganzer Breite bis zum Gipfel spreizt.

Uns ist die Bucht von Morfonu bald wieder vertraut, denn bei unserer ersten Athosreise im Mai 1975 sind wir hier nach einem schweren Marsch, von Stavronikita kommend, »gestrandet«. Total erschöpft verspürten wir damals wenig Neigung für kulturelle Exkurse in die abendländische Geschichte und ignorierten den Turm nahezu verächtlich. Couven und Al sprangen zum Entsetzen der Mönche und Arbeiter, die hier Holz luden, splitternackt ins Meer. Ein altes, zu einem Transportfahrzeug umgebasteltes BMW-Motorrad knatterte über den verstaubten Landeplatz, während sich ein in Lumpen gehüllter Mönch bemühte, mir seine heilige Entrüstung über unsere westlichen Reisesitten mitzuteilen. Schließlich kam ein Boot aus Iwiron und lud uns auf. Morfonu behielten wir als den traurigsten Ort des ganzen Paradiesgartens in Erinnerung.

Aber wir ahnten ja nicht, wo wir uns befanden. Wir wußten nicht, daß der trotzige Turm mit dem weiß schimmernden Adlerwappen unter den Zinnen vor fast

tausend Jahren ein lateinisches Amalfitanerkloster be-
schützte. Benediktinermönche aus Süditalien gehörten
ihm an. Es war die Zeit vor dem großen Schisma, die
Zeit der ungeteilten Christenheit, und die Ruine oben
im Wald ist somit weiß Gott mehr als nur ein Haufen
alter Steine vor majestätischem Hintergrund.

Möchte man mehr über den Ort wissen, stößt man
sehr bald schon auf eine Wand des Schweigens, der Abweisung und Täuschung. Sicherlich hat diese histori-
sche Stätte wiederholt die Phantasie der Forscher und
Gelehrten beflügelt, aber die Ergebnisse ihrer Recher-
chen sind eher kümmerlich. Ein paar von Fragezeichen
umstellte Daten, wenig verläßliche Namen aus Archiven, die von mißtrauischen Athosmönchen gehütet
werden und deren wahre Schätze bis zum heutigen Tag
verborgen blieben. Wer immer sich – sei es mit Kniefällen, List oder Geld – in den vergangenen Jahrhunderten
um die Geschichte des alten Lateinerturms bemühte,
grub ins Leere. Was wirklich mit den »Söhnen des heiligen Benedikt« geschah, die ihr Kloster der Gottesmutter
geweiht hatten, ist noch immer ein Geheimnis.

Amalfi erfreute sich im 10. und 11. Jahrhundert,
ähnlich wie die vier anderen süditalienischen Städte
Capua, Neapel, Benevento und Gaeto, des besonderen
Schutzes der byzantinischen Kaiser. Dabei erwiesen
sich die Amalfitaner als intelligente und geschickte Ge-
schäftsleute, die weit über die Welt des Mittelmeeres
hinaus über einen hervorragenden Namen verfügten.
Ihre Republik eröffnete Handelsvertretungen im Heiligen Land, in Konstantinopel, auf Zypern, Sizilien sowie
in allen italienischen Hafenstädten. Als zur Jahrtausendwende das Ende der Zeiten befürchtet wurde, waren es vor allem ihre Schiffe, die den drängenden Strom
ängstlicher Pilger nach Palästina beförderten. Kein
Wunder also, daß Mönche aus Amalfi neue Gründun-

gen planten, so etwa ein Kloster in Jerusalem, ein Kloster in Konstantinopel und schließlich auch eines auf dem Heiligen Berg Athos, wo Athanasius gerade seine bedeutende Gründung der Lawra vornahm.

Die Viten des Athanasius, der beiden georgischen Gründermönche von Iwiron, Johannes und Euthymius, sowie eine alte Chronik der Abtei Monte Cassino sind die einzigen Quellen, aus denen sich die Anfänge der Mönche aus Amalfi auf dem Athos rekonstruieren lassen. Leo, ein Bruder des Herzogs Randolf II. von Benevento, kam um das Jahr 980 zusammen mit sechs Mönchen auf den Heiligen Berg, wo sie zunächst als »Fremde« von den ebenfalls fremden Georgiern aufgenommen wurden. In den nachfolgenden zehn Jahren erfolgte die Gründung ihres Klosters in den Wäldern zwischen der Lawra und Karakallou, die bald schon auch zahlenmäßig an Bedeutung gewann. Das belegen alte Handschriften, die von einem »Johannes monachus Amalfitanus« unterschrieben wurden, aber auch etwa ein Typikon des Kaisers Konstantin Monomaques aus dem Jahr 1045, der den Lateinern sogar den Besitz eines seetüchtigen Transportschiffes gestattete, um in der wohlhabenden Amalfitanerkolonie von Konstantinopel lebensnotwendige Waren aufzuladen.

Wie herzlich damals die west-östlichen Beziehungen auf dem Athos waren, belegt auch jene schöne Geschichte vom Besuch einer lateinischen Delegation bei Athanasius in der Lawra, dem sie als Gastgeschenk frischen Kaviar mitbrachten. Der Klosterkoch soll ihm jedoch den Kaviar aus Neid vorenthalten haben, was einen Zornesausbruch des heiligen Abtes ausgelöst habe. Vermutet wird auch, daß sich in der Nähe des Amalfitons ein Refugium für Aussätzige befand, das von den Mönchen betreut wurde. Ein Liebesdienst, den kurze Zeit später die Georgier von Iwiron fortsetzten.

Das große abendländische Schisma von 1054 ist auf dem Athos zunächst ohne unmittelbare Folgen für die lateinische Niederlassung geblieben: Ihre Existenz ist noch bis ins Jahr 1198 nachgewiesen. Dann jedoch herrscht plötzlich für die Dauer eines Jahrhunderts ein unheimliches Schweigen. Als der Name Amalfi 1287 erstmals wieder auftaucht, ist nur noch von einer verlassenen, verwüsteten, einsamen Stätte die Rede, deren Ruine und Ländereien nach einem von Kaiser und Patriarch abgesegneten Beschluß der Athossynode in den Besitz der Großen Lawra übergeht. Der Untergang des Klosters vollzog sich auch infolge der fortschreitenden Dekadenz der Amalfitaner-Einrichtungen in Konstantinopel am Ende des 12. Jahrhunderts sowie der schlimmen Übergriffe, die der vierte Kreuzzug in den Athosklöstern auslöste. Vor allem sarazenische Söldner wüteten hier. Ein historisches Desaster, dessen rom- und papstfeindliche Auswirkungen bis zum heutigen Tag nicht überwunden sind. Der Fortbestand eines lateinischen Klosters auf dem Heiligen Berg der Orthodoxie war unmöglich geworden. Dennoch tauchte die verlassene Gebetsstätte der Benediktiner auch danach immer wieder in den Archiven der benachbarten Klöster auf. So zuletzt im Juli 1702, als es – wie schon zuvor – zwischen der Lawra und Karakallou zu einem Rechtsstreit um den Besitz der von 27 alten Mönchen bewohnten Waldsiedlung Provata kam.

Inzwischen war jedoch schon längst nicht mehr von dem Amalfitanerkloster die Rede, sondern nur noch von Morfonu. Was einmal war und zur Freude aller geblüht hatte, sollte der totalen Vergeßlichkeit anheim fallen. Sogar der Name wurde ausgelöscht, als habe es die Zeit der Einheit und guten Nachbarschaft nie gegeben.

19. Rom, die Hölle und das Ende

Alexis läßt mich in der Bucht von Morfonu nicht aus den Augen. Mit einem sprungbereiten, skeptischen Lächeln verfolgt er die Bemühungen seiner Landsleute, uns die Probleme mit der Turmruine der Lateiner vor Augen zu führen. Er weiß ja längst, daß hier der »Knackpunkt« zwischen uns liegt, den er zwar diplomatisch zu umgehen versucht, aber nicht einfach wegwischen kann. Außerdem ist er viel zu sehr orthodoxer Grieche, um sich an diesen schmerzlichen Fragen und noch immer nicht verheilten Wunden vorbeimogeln zu wollen. Mehr noch, seine sprachgewandte Bildung, – seine familiären und emotionalen Verbindungen zur kommunistischen Linken, sein gereizter Anti-Amerikanismus und nicht zuletzt ein dies alles umgreifendes Weltbild devoter Frömmigkeit, das er uns immer wieder mit überraschenden Kniefällen, Küssen und Kreuzzeichen vorführt, machen ihn zu einem typischen Athener Intellektuellen, der sich in seinen Widersprüchen von Feinden umstellt glaubt. Von Türken und Katholiken, von der Wallstreet und dem Vatikan...

Da tuckern wir an diesem strahlenden Frühlingsmorgen durch die ägäische Inselwelt, vor uns die Lichtküsten des blühenden Gartens der Allheiligen, darüber die zeitlose Stille des Athosgebirges, aber uns trennen tausend Jahre Streit und Niedertracht, die Kette der Verdächtigungen und Enttäuschungen will nicht abreißen. Was konnten wir tun? Das Schiffchen ist eng, und die nächsten acht Tage müssen wir wohl oder übel noch

miteinander auskommen. Da lächelt er: »Komm, laß
uns reden!«

Einer muß reinen Tisch machen. So will ich ihm sagen, daß wir die Plünderungen der päpstlichen Truppen,
die brutalen Latinisierungsversuche, das missionarische
Treiben der Jesuiten und Prälaten der »Propaganda Fide«
nicht rückgängig machen könnten: »Aber können wir
nicht zumindest in unseren Köpfen einen Schlußstrich
ziehen? Sind nicht charismatische Gestalten wie Johannes XXIII., Mutter Teresa oder Roger Schutz glaubwürdige Garanten eines ganz anderen Neubeginns im
christlichen Westen? Gilt nicht auch für die Ostkirche
das flehentliche Einheitsgebot?« Aber ich ahne ja nicht,
in welches Wespennest ich da steche. Was wir so lässig
für den alles regelnden »guten Willen« halten, stößt hier
auf einen ganz anders motivierten Widerstand, der sich
tief in den Abgründen der griechischen Seele eingenistet
hat. Außerdem besitzen Griechen, was wir leider längst
als bourgeoisen Luxus verachten, geschichtliches Bewußtsein, den Atem in viel größeren Dimensionen zu
denken, ein subtiles Gedächtnis, Zeitgewissen.

Der Verlust von Byzanz, der vierte Kreuzzug, der
Sturz Konstantinopels und vier Jahrhunderte Türkenherrschaft haben dieses Volk geprägt. Die Erschütterun-
gen unseres Jahrhunderts, etwa die von Westeuropäern
aufgedrängte schwächliche Dynastie, italienische An-
nexionen von Ägäis-Inseln, die von den USA unter-
stützte türkische Invasion auf Zypern und die Diktatur
der Obristenjunta, bewirkten nur Mißtrauen gegenüber
diesem trügerischen Westen, seiner machtverliebten
katholischen Kirche und all den menschenverachten-
den Exzessen der Postmoderne. Es ist das Lebensgefühl
des Verlassen- und Betrogenseins, auch des Zweifels an
dem eigenen schwächlichen Staat, der es nicht schafft,
der großen, wehmütigen Vision einer politischen und

geistigen Einheit, die sich auf das alte Byzanz gründet, noch einmal eine Chance zu geben.

Eifrig zitiert Alexis die zeitgenössischen griechischen Untergangsphilosophen Yannaras und Ramfos, in denen sich unerfüllte Sehnsucht nach großer Vergangenheit in Sperrungen und Verweigerungen gegen »den Westen« und »das Abendland«, die für den schmerzlichen Verlust der Urheimat verantwortlich gemacht werden, äußert. Für ihn, der weltmännisch über Paris-Erlebnisse und Moskau-Aufenthalte zu plaudern vermag, besteht kein Zweifel daran, daß sich im klerikalen Rom das Zentrum verhängnisvoller böser Macht befindet, die sich mit dogmatischen Verirrungen tarnt. Und dann rutscht es erstmals aus ihm heraus: »Bei euch regiert der Antichrist in der Maske des Erlösers...«

Wo die Geschichte nichts anderes war als Konfrontation mit den schlimmen Lateinern, wo ringsum im militanten Islam, im abgewirtschafteten Sowjetreich, bei den »perfiden« Juden und den türkischen Erzfeinden niemand da ist, der im Kampf gegen die listigen Truppen des Papstes und den Rest der Welt helfen könnte, bieten nur noch dunkle Endzeitankündigungen eine Zuflucht. Die Unmöglichkeit, die glanzvolle Einheit von Byzanz wieder herzustellen, wird dem dunklen Anfang vom totalen Weltenende gleichgesetzt. Wie sehr der »Antichrist« bereits seine Teufelshand ausstrecke, so Alexis mit dramatischer Gebärde, beweise auch der in Griechenland leidenschaftlich geführte Streit über die Einführung der »scheußlichen Zahl 666«, die mittels Computerisierung in Verwaltungsdokumenten auftaucht. Da ich bei seinen Worten verdutzt dreinblicke, erklärt er das Orakel: »666 ist die Chiffre des Ungeheuers in der Geheimen Offenbarung des heiligen Johannes, die letzten Dinge sind ganz nahe.« Meine Hoffnung, auf die Ernsthaftigkeit und das Feingefühl der ökumenischen

Bewegung hinweisen zu können, beantwortet er nur mit der Feststellung: »Ökumenist, das ist bei uns ein Schimpfwort, dem Verräter nicht unähnlich. Ihr seid im Irrtum, wir haben von eurer Kirche nichts zu lernen.«

Gerade auf dem Athos, in den griechischen Klöstern Esphigmenou, Philoteou und Hagios Pavlos, streitet man den Katholiken sogar die Taufe ab und behauptet, sie seien nur oberflächlich »mit etwas Wasser beträufelt«. Der hochgeachtete Abt von Stavronikita, Vater Basilios Gondikakis, vertritt dazu die Auffassung, daß es außerhalb der orthodoxen Kirche keine Heiligkeit geben kann. Franz von Assisi sei »vielleicht ein großer Mann, aber kein Heiliger«. Schließlich teilte mir Alexis aus dem unerschöpflichen Zitatenschatz seiner Wahrheitsfestung das denkwürdige Wort von Vater Theoklitos mit: »Der Gott der Orthodoxie ist ein Gott, der strahlt, der katholische Gott ist eine erloschene Sonne.« So habe er es jüngst in einem bemerkenswerten Buch über das Mönchtum auf dem Heiligen Berg niedergeschrieben.

Ja, das Licht strahlt tatsächlich an diesem herrlichen Morgen, als wir uns durch die flache, blaue See der Athoshochburg, dem Kloster Große Lawra, nähern. Schon glitzern ihre Steindächer in der Sonne, uraltes Gemäuer mit waghalsig abgestützten Balkonen, Weinlaub über grünen, gelben und roten Balken. Ringsum Wälder, Felswände, eine einzige Pracht. So sitze ich Alexis, ganz still geworden, gegenüber. Er im wahren Glauben, ich der römische Ketzer. Er spürt wohl meine Betroffenheit und reduziert sein triumphierendes Grinsen auf ein erträglicheres Maß. Aber ich will nicht mit ihm rechten und streiten. Unser Gott, eine erloschene Sonne? Eher Herzen, die nicht mehr glühen.

»Sei nicht traurig«, meint Alexis, als wir die Rucksäcke wieder aufladen und vom Boot springen, »du kannst dich noch immer zur Orthodoxie bekehren…«

20.

Im Labyrinth der Großen Lawra

Als wir vor Jahren zum ersten Mal den Hafen der Lawra ansteuerten, befand sich auch ein Bischof an Bord. Es war Nikolaos, der Metropolit von Transsylvanien, dem wir bereits zuvor in Stavronikita begegnet waren. Eine Prozession stand an der Klosterpforte unter dem großen Bildnis des heiligen Athanasius bereit; Fahnen, Kerzen und Weihrauchfässer wurden mitgeführt, und, beglückt von den Begrüßungsküssen der Würdenträger, zogen die Mönche singend ins Katholikon.

Nach der Verehrung der alten Oikonomissa-Ikone, die Maria als »Verwalterin« des Klosters darstellt, schloß sich eine Besichtigung der wichtigen Kapellen, des Athanasiusgrabes, der Reliquien- und Schatzkammer sowie der Handschriften- und Büchersammlung an. Für die staunenden Fremden im bischöflichen Troß eine einmalige Gelegenheit, mit der Geschichte dieses unüberbietbaren Klosters konfrontiert zu werden.

Hier hat jener poetische Zeitbegriff der Psalmen, »tausend Jahre sind wie ein Tag«, noch eine Spur Wirklichkeit und es scheint, als ob der unter silbernen Ölampeln in der Kapelle der vierzig Märtyrer ruhende Gründervater noch immer durch das Gassengewirr dieser byzantinischen Klosterstadt geistere. Drüben im Gästehaus hat er noch selbst mit Hand angelegt; in der Apsis des Katholikons erinnert ein Marmorrelief an jene Stelle, wo er von hoher Kuppel aus zu Tode stürzte; ein Vater zeigt den Eisenstab, mit dem er auf Geheiß der Jungfrau gegen den Felsen schlug; neben der Christus-

Ikone hängt noch das schwere Halskreuz, das er aus
Buße trug; am Eingang der Trapeza stehen unerschüt-
terlich die beiden tausendjährigen Zypressen, die er
und sein Nachfolger Euthymios eigenhändig gepflanzt
haben.

Dabei ist bemerkenswert, daß dieser vitalen, ganz
neue Wege einschlagenden Persönlichkeit nichts in den
Schoß fiel. Überall hatte auf unheimliche Weise der
»Aufhaltende«, der Teufel, seine Hand im Spiel, stets
bemüht, den Drängenden und Bauenden zu zermür-
ben. Mal sind es die Einflüsterungen und Versuchungen, die ihn heimsuchen, mal die Verweigerungen der
alteingesessenen Anachoreten-Kolonie, die sich mit seinen Bemühungen um ein geregeltes Gemeinschaftsleben nicht abfinden will. Athanasius war seit seiner
Jugend von der Strenge des Studiten-Klosters in Konstantinopel beeindruckt, deren auf Basilios den Großen
zurückgehende Regel der »Schlaflosen« er leicht abge-
wandelt auf dem Athos einführen wollte. Dabei verfiel
er bisweilen, wenn die Widerstände zu stark und die
Widrigkeiten zu erdrückend wurden, der Resignation.
Doch immer dann, wenn er aufzugeben drohte, half
jene »Frauengestalt«, die er in illusionsloser Nüchternheit einmal sogar als eine Maskerade des Satans deuten
wollte, ehe sie ihm schließlich ein Lichtzeichen gab.

So erscheint dieser beeindruckende Gründervater
keineswegs als bergeversetzender, übermenschlicher
Pionier mit Axt und Kelle, sondern als ein hochbegab-
ter, jedoch immer gefährdeter Mann Gottes, dem nichts
leicht zufiel, es sei denn, er hatte es sich vorher bis zur
Selbstaufgabe erkämpft. Da ist seine Vaterstadt Trape-
zunt, mit all ihren schimmernden georgischen, irani-
schen, altsyrischen Einflüssen. Dort verliert er schon als
Knabe die Eltern. Eine Nonne zieht ihn auf. Aus dieser
Enge drängt es ihn jedoch bald an den Hof Romanas I.

und in die kaiserliche Armee. Tiefe Freundschaften weisen ihm den Weg. So etwa der Offizier Zenifezer, der ihm auf einer Limnosreise erstmals den Athos zeigt, oder der Abt Maleinos, der in ihm den Wunsch nach dem Mönchtum weckt, und schließlich das große Brüderpaar Nikeforos und Leon Fokas, der eine ein bedeutender Kaiser, der andere ein gefürchteter Feldherr. Sie verschaffen schließlich seiner Vision eines eigenständigen, strengen Mönchlebens in einer unzugänglichen Wetterecke des Heiligen Berges immer wieder großzügigste materielle Voraussetzungen.

Selbst als Nikeforos 969 in einem Liebesdrama umgebracht wird, während seine Frau den von ihr begehrten Johannes Tsimikis zum Kaiser krönen läßt, bewahrt auch dieser neue starke Mann dem Mönch in der Lawra weiterhin alle erdenkliche Protektion. Eine Kontinuität kaiserlicher Gunst, die von den bilderverliebten Mönchen in der Nikolaos-Kapelle als »Happy-End« verewigt worden ist: die Bildnisse Fokas und seines Mörders Tsimiskis harren hier vereint, jenseits von Gut und Böse auf den Anbruch eines besseren Lebens.

Sind auch die Gründungen von Konstamonitou und Xeropotamou sowie die Niederlassungen rund um das Protaton von Karyes nachweislich älter als die Lawra, so besteht doch die 1963 anläßlich der Tausendjahrfeiern mit großem Pomp gewürdigte Großtat des Athanasius darin, dem mönchischen Leben auf dem Heiligen Berg einen durch die Zeiten hindurch verläßlichen Rahmen verliehen zu haben. Eine Grundlage, die allen Varianten der Gottsuche ihre Freiheiten läßt, sie jedoch vor allen Gefahren schützt, die ihr von innen und von außen immer wieder drohen.

So geht es uns nicht anders als den mehr als 11 000 Besuchern, die jährlich dieses große, abgelegene Kloster aufsuchen. Dies kann meist nur in den Sommermonaten geschehen, denn ab Oktober läuft nur noch ganz selten ein Schiff den sturmumpeitschten Lawra-Arsanas an; im strengen Winter ist das Kloster oft wochenlang von jedem Kontakt zur Außenwelt abgeschnitten. Sich innerhalb der weitläufigen Gassen und kleinen Plätze, zwischen Kapellen, Zellen und Wirtschaftsgebäuden zu bewegen, das ist wie ein Spaziergang durch die Geschichte. Doch selbst das Uralte wirkt nicht museal, es gilt noch immer. Spätestens dann, wenn der Glöckner zu den Gebetszeiten sein lockend heftiges Spiel erklingen läßt, bevölkert sich diese kleine, verlassen wirkende Welt wieder mit Leben.

Dann verriegelt der Bibliothekar seine spartanische Schatzkammer mit mehr als 1600 Codices, darunter 650 besonders wertvolle auf Pergament. Die eifrigen Schreiber verlassen ihre Stuben in der Zentralkanzlei. Der Bäckerbruder überläßt seinem uralten Backofen die feuerrote Glut, und der Kellermeister schließt die Verschläge des verwinkelten Weinlagers, das mit köstlichen Crassi-Fässern gefüllt ist. Überall nur schwarzumhüllte Gestalten, deren eilende Schritte über die Steinplatten klappern und die glasierten jahrhundertalten Fliesen des Katholikons weiter glattpolieren.

Dem Ruf der Glocken ist nichts vorzuziehen, und vom Balkon des Gästehauses aus, das früher einmal ein Hospital war, dessen kleine Kapelle den persischen Ärzten Kosmas und Damian geweiht wurde, fällt es nicht schwer, sich diese Szenen zeitloser byzantinischer Gebetsvorbereitungen auch an einsamen Wintertagen vorzustellen, wenn eiskalter Wind durch dieses Labyrinth fegt und Schnee die weiten Bogenflächen der Steindächer bedeckt. Monastisch, so ist diese Atmosphäre zu nennen, so wie immer schon, ganz streng und kompromißlos auf das »einzig Notwendige« ausgerichtet.

21.   Das Kreuz im Weinlaub

Vater Awakum, dem wir in der Lawra begegnen, ist zwar mit der legendären asketischen Gestalt aus dem Buch von Erhart Kästner identisch, aber er erscheint nicht mehr als verwilderte und zerzauste Johannes-der-Täufer-Figur. Auch stampft er nicht mehr mit mageren bloßen Beinen im Traubenberg. Ist es die Berühmtheit, die er inzwischen durch die Veröffentlichung erlangt hat, oder der hohe Besuch des Metropoliten, der ehemalige Einsiedler aus dem Gebirge oberhalb von Prodromou erweckt an diesem Abend einen durchaus gepflegten Eindruck, und dennoch unterscheidet er sich auf Anhieb durch eine spontane, strahlende Herzlichkeit von seinen würdevollen Mitbrüdern. Da ist ein Glanz in den Augen, den man nicht mehr vergißt. Schon ergreift er unsere Hand, läßt sie erst gar nicht mehr los, und mit dieser liebevollen Geste führt er uns zu einem Ort, der in seiner erhabenen Schönheit einzigartig in der Welt ist: zu der Trapeza, dem kreuzförmig angelegten Speisesaal der großen Lawra.

Vater Awakum, dessen Erläuterungen wir ja gar nicht verstehen, ist dabei nicht der fachmännische Fremdenführer, sondern der leidenschaftliche Interpret der auswendig beherrschten Bibel, deren Szenen uns in den Fresken von Theofanis dem Kreter entgegenleuchten. Schon beginnen sie uns zu entführen, so als berge dieser surreale, holzgetäfelte Raum das eigentliche Zentrum dieser kleinen, goldenen Stadt. Ihr Zauber besteht nicht nur im Durchwandern der Jahrhunderte, sondern darin, daß sie sich gerade hier, in ihrem innersten Kern, noch einmal steigert und dem Eingefangenwerden durch die Vergangenheit eine weitere, ungeahnte Möglichkeit hinzufügt: den Einstieg in die großen Ereignisse der Schrift. Hölle und Paradies, Propheten und Märtyrer, die Jungfrau und das Abendmahl. Wie schwebend erscheint dieser Raum, ein trunkenes Schiff, tief und schwer im Ozean der Farben.

So ist es dann auch nicht wichtig, die griechische Wasserfallsprache des liebenswürdigen Greises ausdrücklich zu verstehen. Es genügt, in seine Augen zu schauen, sich von seiner glühenden Freude erfassen zu lassen, mit ihm von Bild zu Bild zu gehen und dabei zu spüren, wie er uns, ohne daß wir Widerstand leisten können, immer stärker in den Bann des Eigentlichen zieht, das hier zeitlos waltet. Um sein rechtes Handgelenk baumelt die Gebetsschnur, an deren abgenutzten schwarzen Wollknoten er unablässig weiterfingert. Die andere, die schwere, dunkelbraune Arbeiterhand gestikuliert in einer alle Subtilitäten durcheilenden Eleganz im gebrochenen, ockerfarbenen Licht dieses Raumes, als bemühe sie sich, Blinden etwas von der Urgewalt dieser Bilderflut zu vermitteln. Man wird ganz klein und gesteht sich ein, daß es wohl nicht nur ein erster, noch auszufüllender Eindruck, sondern eher die ganze Realität ist, die uns dabei trifft. Gegenüber der Botschaft der Bilder und der Präsenz dieses gütigen Mönches, der sie sich in einem langen Leben zu eigen gemacht hat, sind wir tatsächlich jene, die Augen und Ohren haben und doch weder sehen noch hören. Da steht er zwischen den glänzenden Marmortischen in der totalen Genügsamkeit dieses Bilderglücks. Er steht da mit der kindlichen, scheuen Erwartung, daß auch wir seinen bescheidenen Jubel teilen, und es ist da auch von Angesicht zu Angesicht eine Distanz, die Unfähigkeit, ihm so weit folgen zu können, das schmerzliche Eingeständnis, daß wir die eigentlich Armen sind und er, der besitzlose Alte, bereits die Fülle hat.

Beim monumentalen Bild der streng nach den Vorschriften der Hermeneia, des Malerhandbuches vom Berg Athos, dargestellten Wurzel Jesse fällt auf, daß sich die Baumsymbolik nicht auf die Propheten des Alten Testaments beschränkt. Unterhalb der Könige Salomon und David, noch tiefer als der große Jesaja, befinden sich im dunklen Wurzelreich des Vorläufertums auch die Hauptgestalten der griechischen Antike: Galenus, Platon, Plutarch, Homer, Pythagoras, Aristoteles und die Sibylle. Man staunt und möchte fragen, was der Beitrag der illustren »Heiden« an dieser Stätte mystischer Hingabe denn soll, aber es ist nur der meisterlich konzipierte Nachweis für die tiefgreifende Symbiose von Byzanz, die den Anspruch verkörpert, antike Hochkultur und christlichen Erlösungsglauben zu vereinen. Diese optimistische Deutung der Vorbereitung christlicher Offenbarung durch griechische Dichter und Denker lehrte schon im 2. Jahrhundert Klemens von Alexandrien. Die Sehnsucht nach Kontinuität lebt bis zum heutigen Tag etwa in der »Ununterbrochenen Philosophie« von Christos Yannaras fort, der davon überzeugt ist, daß nur die griechischen Kirchenväter und byzantinischen Theologen den Wesenskern der antiken Philosophie haben verstehen und deshalb fortsetzen können.

So wundert es auch nicht, daß in diesen Trapezafresken des Theofanis bei der Darstellung von Paradies- und Höllenszenen der heilige Sisois vor dem Grabmahl Alexanders des Großen auftaucht und das kaiserliche Skelett mit der Frage »Auch du hier?« bestürmt. In der »mystischen Achse«, die von diesem grandiosen Speiseraum in direkter Linie zur heiligen Pforte des Katholikons führt, steht übrigens ein für all diese verwinkelten kulturhistorischen Zusammenhänge nicht minder bedeutsames Denkmal: Phiali, der Weihwasserbrunnen, dessen uraltes Gestein aus der antiken Stadt Athosa stammen soll, die bereits vom Geographen Ptolemäus beschrieben wurde. Die ehemals als Marmorschranken im Kircheninnern verwendeten Steinquader zeigen tatsächlich frühchristliche Reliefs, wie sie in Griechenland nur noch an den Außenwänden der Athener Eleftherioskirche zu sehen sind.

Der sich zum Kreuz verformende Rebstock hat auch den Wert eines Sonnensymbols. Der an Christus und den Stamm Juda erinnernde Löwe galt schon den Phöniziern als Todesgott, im alten Babylon erschien er als Krankheitsdämon Lubartu. Dargestellt ist auch ein vor Raubvögeln flüchtender Hase. Dieses Motiv schmückte bereits Jahrtausende vor Christus sumerische und hethitische Siegel. Der ewiges Leben verheißende Pfau wurde in der griechischen und römischen Antike als Vogel der Juno verehrt, noch bevor der heilige Augustinus über die »Unverweslichkeit« seines zähen Fleisches zu spekulieren begann.

So tun sich hier, wo seit einem Jahrtausend die Mönche der Lawra zum Schutz vor dem »Widersacher«, der sich in den Spalten und Klüften der Klostermauern verstecken soll, Weihwasser schöpfen, tatsächlich Abgründe auf. Ein seltsamer Zwiespalt in dieser Abendstunde, nachdem es in den Gassen und Höfen ganz still wird: überall leuchten hier die Öllampen vor den Bildern der Erlösung, und immer wieder gibt es dabei auch Szenen, die uns darüber hinaus ganz tief blicken lassen: in die Nacht der Zeiten.

22. | Wiedersehen mit Prodromou

Das Kloster der Rumänen hatten wir sofort ins Herz geschlossen. Als wir erstmals hierher kamen, war das wie ein Wendepunkt. Die Reise erhielt plötzlich eine sonderbare Spannung, ein leises Knistern des Ungewissen. Makarios, der strenge Gastpater der Großen Lawra, hatte uns unerbittlich darauf aufmerksam gemacht, daß unsere auf 24 Stunden begrenzte Aufenthaltsgenehmigung in der reichen Athanasiusgründung abgelaufen war. Erst glaubten wir an einen üblen Scherz, aber der blasse Mann mit den dunklen Rändern unter den traurigen Augen kannte nur seine Vorschriften. So machten wir uns, ernüchtert von soviel Pedanterie, am späten Nachmittag noch einmal auf den Weg.

Vor uns lag ein herrlicher, uralter Athosweg, der sich mühsam durch dichte Macchia schlängelte, teils mit schweren Steinen in mönchischer Fronarbeit gepflastert, teils federnder Waldboden ohne nennenswerte Steigung, ein Traumpfad, der wie im Märchen dunkel zuwuchs, dann wieder den Blick freigab auf den Athosgipfel oder auf sanft abfallende Waldterrassen, die nur noch die Weite des Meeres umsäumte. So geriet die Abweisung zusehends zu einem stillen Triumph, der schließlich beim Anblick des sich nach zwei Wegstunden aus der grünen Wildnis erhebenden Klosters Prodromou, der moldawischen Skite »des verehrungswürdigen Vorläufers«, alle Erwartungen übertraf. Was uns so berührte, hatte wohl mit dem *genius loci* dieser abgelegenen Landschaft am Kap Akrathos zu tun. Hier be-

ginnt ja der Einsiedlerhang, die Eremos, die Wüste der
Asketen. Jetzt ist es fürs erste aus mit den mächtigen
Klosterfestungen, den erhabenen Liturgien, den grandiosen Kunst- und Kulturschätzen. Jetzt gilt nur noch
das strenge Überleben in extremen Lagen, hier wandelt
sich der Athos zum Wesentlichen, wird hart und ernsthaft, aber hier leuchtet auch in der Verborgenheit der
stille Glanz anspruchslosen evangelischen Glücks.

Das zu Ehren Johannes des Täufers Mitte des 19.
Jahrhunderts errichtete Haus der Rumänen ließ uns
gleich diese Veränderung spüren. Alles war von äußerster Armut, schien dem Verfall und Untergang anheim
gegeben, aber die Handvoll Mönche, alte, zerlumpte,
kranke, blinde Männer, die diesen Ort des Abschieds
noch mühsam am Leben hielten, waren von einer Herzlichkeit, die alle Mängel vergessen ließ. Das wenige, was
sie hatten, teilten sie großzügig. Über die zerfurchten
Gesichter der armen Greise huschte immer wieder ein
strahlendes Lächeln. Keine Frage, daß für die Gäste das
beste Zimmer gerichtet wurde. In dieser Herberge der
Besitzlosen fühlten wir uns angenommen, ja zu Hause.
Noch ein Flüsterwort, ob alles recht sei, der Stock des
Blinden klopfte auf den Gängen, noch eine Funzel im
Hof, dann kam die Dunkelheit, und in der Stille der
Nacht heulten vor der Klosterpforte, die mit einem
mächtigen Balken verbarrikadiert war, die Wölfe…

Am nächsten Morgen, eine halbe Stunde unterhalb
der Klosteranlage, dieselben Szenen des Elementaren.
Wir wollten das Boot zur Westküste abwarten, aber ein
plötzlich aufkommender Sturm machte diesen Plan zu-
nichte. Von der Türkei her wehte ein trockener Wind,
das Meer schwarz und streitsüchtig, ein altes Eisen-
kreuz, neben dem Feuerlicht auf meterhohem Steinsok-
kel befestigt, begann zu vibrieren. Wir konnten gerade
noch in eine verfallene Einsiedlerwohnung flüchten,

und über Kap Akrathos brach die Hölle herein. Toben-
des Unwetter, Blitz- und Hagelschlag, heulender Sturm,
wild peitschende See. Ende der Welt.

Wir haben diese apokalyptischen Bilder bewahrt.
Bilder urwüchsiger Kraft und ungeahnter Veränderung.
Prodromou ist uns deshalb immer die liebste, die inten-
sivste Erinnerung an den Heiligen Berg geblieben, und
wenn wir uns jetzt, nach all den Jahren, wieder von der
Großen Lawra aus auf den Weg machen, geschieht dies
nicht ohne Herzklopfen. Wie damals betreten wir noch
das Totenhaus, wo sich Gebeine bis zum Dach türmen,
und wieder ist da auch der Abschiedsblick auf die Gärten: weitläufige Etagen, liebevoll gepflegt im schützen-
den Mauerrücken der uralten Befestigungsanlage.

Da ist wieder die Freude, den Pfad zu finden; da
sind wieder seine mächtigen Steine und das wildwuchernde Geäst, das nicht stört, der Eindruck von
Untertauchen, Wegtreten, ein Dornröscheneffekt, der
Archetypus vom Höhlengang. Geruch von Wald und
wilden Kräutern.

Aber dann bricht der Weg urplötzlich ab und stößt
auf einen jener schrecklichen Forstwege, die Karyes mit
dem äußersten Südosten verbinden. Es bleibt gar keine
andere Wahl, als seine Richtung einzuschlagen, vorbei
an Schutt und Felsblöcken, an Baumwurzeln und
Dreckhaufen. Gelbe, staubige Erde, rücksichtslos platt-
gewalzt und die Urlandschaft wie eine grobe Verletzung durchschneidend.

So wird es ein Legionärsmarsch, hart und unroman-
tisch. Dornröschen ist vor den Raupenfahrzeugen ge-
flüchtet. Als wir dann schließlich zu Mittag das geliebte
Prodromou erreichen, ist die Freude doch ungetrübt,
denn die grausame Fahrbahn hat oberhalb des Kloster-
bezirks abbiegen müssen und kann so seiner Schönheit
nichts anhaben. Mehr noch: alles erstrahlt hier im

Leuchten des Wiederaufbaus. Die Wände sind weiß getüncht, neue Balken und Fensterholz glänzen in frischer Beize, dazu Geranien auf den Simsen, grün-weiß-rote Tupfer behaglicher Lebensfreude. Dann wieder die alte eisenbeschlagene Pforte, das Schattengewölbe, Sitzplätze für die Müden, glänzender, von tausenden Schritten abgeschliffener Stein. Auch im Klosterhof die gleiche Impression. Wasser plätschert, Blumenbeete unter Zypressen, die Kirche ein geordneter Mittelpunkt. Vor allem viel Weiß und viel Holz, das ganz Einfache, Genügsamkeit, die beglückt. Wir sind wieder in Prodromou; ja, es ist schön, wieder hier zu sein.

Couven hat sich die Mühe gemacht, ein beachtliches Paket Medikamente mitzuschleppen. Die Dankbarkeit ist groß, gleich sind wir wieder die Hochwillkommenen. Der Küchenbruder holt uns ab, und die Trapeza mit ihren neuen Tischen und Fresken bestätigt nur dieses Bild couragierten Anpackens. So lassen wir uns nieder, gebannt von dieser Stunde der Überraschungen. Schon eilen sie mit Schüsseln und Tellern herbei: Kartoffelsuppe mit Dill, ein Laib frischen Brots, dunkelrote Eschalotten aus dem Klostergarten, schwarze Oliven, Erdnüsse, ein großer Krug Wasser. Alles ganz schlicht. Hier gerät es zum Fest der Wiederkehr.

So essen und trinken wir ganz langsam, nahezu genießerisch. An den Fenstern klettert das Weinlaub, der milde Wind läßt die Silberblätter der Ölbäume flimmern und glitzern. Spiele des Lichts in der Pause des Mittags. Dann draußen im Hof das Simandron. Schweres, tragisches Klopfen. Die großen, ernsthaften Stunden brechen an. Gründonnerstag, eine Wende, der man sich hier nicht entziehen kann. Selbst die sprühende Heiterkeit des Frühlings scheint für Sekunden innezuhalten, und mit jedem monotonen Schlag auf das Holzbrett nahen die Schatten der Passion.

23.   Das Herz
des Vaters Nikolaos

Warum soll ich es leugnen, daß ich seine Nähe such-
te? Seit Stunden schafft er in den Beeten des Klosterho-
fes unter den riesigen Zypressen. Ein emsiges Kommen
und Gehen von den Rosen zu den Löwenmäulchen, ein
Bücken und Stehen, ein Hegen und Pflegen mit Harke
und Gießkanne. Manchmal führt er nachdenklich die
braunen Finger in den krausen Bart, und ein verschwie-
genes Grinsen verrät, was ihm wieder einfiel; er vergaß
die rosa Tulpe drüben, und schon gilt ihr seine ganze
Hingabe, kniend, mit beiden Händen das Erdreich for-
mend, noch ein Grashalm, noch etwas Wasser. So geht
es in schwebender Gelassenheit ununterbrochen hin
und her.

Als er dann näher tritt und den Schlauch sprühend
über seine kleine Licht- und Schattenherrlichkeit hält,
sehe ich zum ersten Mal seine Stirn. Harmonisch ge-
schwungene Falten, die in der Mitte ein tiefer Einschnitt
trennt, ein Meisterwerk symmetrischer Gewaltentei-
lung zwischen Güte und Weisheit, deren fein gesponn-
nenes Netz alle menschlichen Höhen und Tiefen tragt,
sie haben sich ganz in ihm eingezeichnet, eingeritzt. Es
ist auch ein Schriftzug des Leidens darin, mehr noch,
diese Linien haben sich zu einer Geometrie des Mitlei-
dens verformt, sind hindurchgegangen von der langen
Prüfung zur Kompassion, zur Kunst universalen Mit-
empfindens. Dann gönnt er sich endlich einen kleinen
spitzbübischen Blick auf den Titel meines Buches
»Glaube aus dem Herzen«, eine Einführung in das We-

sen der Orthodoxie, und die ganze Sorgenlandschaft dieses gütigen Vatergesichtes wandelt sich zu einem strahlenden Lächeln: »Ja, das Herz«, so beugt er sich zu mir, »das Herz ist der entscheidende Ort.«

Es ist ein unmißverständlicher Ernst dabei, der seine flüsternde Anspielung vom »Herz« flugs zum »Herzensgebet« weiterspinnt, und schon sind wir beim großen antonitischen Thema, beim zentralen Anliegen mönchischen Suchens. Dieses Suchen ist jahrtausendealt, von allen asketischen Generationen erstrebt, oft auch erlitten, manchmal erreicht – wie alle entscheidenden Dinge des Lebens immer auch Anlaß zu leidenschaftlichem Streit, der in den Geschichtsbüchern des Mönchtums festgehalten wurde. Es ist wie eh und je, wenn in der Kirche gegiftet wurde, mit häretischen Verdächtigungen, inquisitorischer Repression und dem fatalen Bannstrahl einer von weltlicher Gunst geschützten Synode. So auch hier, als zu Beginn des 14. Jahrhunderts der kalabrische Petrarca-Lehrer Barlaam die von der Hesychia, der Mystik der Herzensstille, schwärmenden Anhänger des Athosmönches Gregorios Palamas als »Nabelbeschauer« verspottete und einen furiosen Streit in der gesamten Ostkirche auslöste. Beide gingen so energisch aufeinander los, daß der Patriarch von Konstantinopel ihnen zunächst einmal eine »Schweigezeit« verordnete, die jedoch keine sonderliche Abkühlung bewirkte. Nachdem bereits zwei Synoden Palamas verurteilt hatten, schlug sich unter dem Einfluß der Eiferer vom Heiligen Berg Kaiser Johannes Kantakuzenos auf Palamas' Seite und ließ ihn zum Bischof ernennen. Der Hesychasmus, mit Zentrum im Athoskloster Vatopedi, wurde offiziell anerkannt, für den Kritiker Barlaam folgte das Anathema der Blachernensynode und die Exkommunizierung. Aber Vater Nikolaos hat für die kirchengeschichtliche Chronik dieser alten Kontroverse nur die Bezeichnung »Stroh« übrig. Und für die modische Wiederentdeckung des Hesychasmus als Streugut der fernöstlich gestylten Hippiekultur die Bekräftigung »noch mehr Stroh«.

Er sagt das nicht in weltfremdem Übermut, sondern vielmehr mit einem leisen Bedauern, daß man so elementare Dinge des Herzens zerreden könnte. Auch verweist er darauf, daß dieses Gebet der Herzensstille zwar auf dem Athos zu einer großen Blüte gekommen sei und bis zum heutigen Tag in der Verborgenheit weiterblühe, doch handle es sich dabei nicht, wie im Westen vermutet, um eine Methode und auch nicht um eine Psychotechnik, sondern um ein Ideal, das bereits von den Wüstenvätern erstrebt wurde und schließlich von dem Mystiker Symeon dem Neuen Theologen um die Jahrtausendwende als die Schau des »unzugänglichen Lichtes Gottes« umschrieben wurde. Dazu heißt es bei dem Zeitgenossen des Athospatriarchen Athanasius: »In einer ruhigen Zelle abgesondert in einem Winkel sitzend, bemühe dich zu tun, was ich dir sage: Schließe die Tür und ziehe deinen Geist von jedem eitlen und vergänglichen Gegenstand weg. Danach stütze das Kinn auf deine Brust und richte das Auge mit ganzer Aufmerksamkeit auf die Mitte des Bauches, d.h. auf den Nabel! Halte den Atem an, damit du nicht nach Belieben atmest! Suche drinnen in deinem Innern den Ort des Herzens aufzuspüren, wo von Natur aus alle Kräfte der Seele wohnen! Anfangs wirst du undurchdringlich dichte Finsternis finden; wenn du aber ausharrst und bei Tag und Nacht dich also mühest, dann wirst du – welch ein Wunder! – unaufhörliche Freude finden. Sobald nämlich der Geist den Ort des Herzens aufspürt, sieht er also gleich, was er (zuvor) niemals erfahren hat; denn er durchschaut den Schleier des Herzens und sieht sich selbst gänzlich in Licht gehüllt und in voller Klarheit.«

Für diese Schau des Lichtes, »in das Christus auf dem Berg Tabor gehüllt war«, gibt es in der Vätertradition eine Fülle von Bezeichnungen, allesamt Crescendoversuche, dem »Unnennbaren« einen Namen zu geben: Weg der Erkenntnis; Anbetung, die alle Räume übersteigt; Wachsamkeit des Geistes; das Werk der zukünftigen Zeit; die himmlische Lebensart; das Land der Lebendigen; das geheimnisvolle Schauen; das in Christus verborgene Leben; die überhelle Dunkelheit...

»Sehen Sie«, sagt Vater Nikolaos mit einem bekümmerten Lächeln, »das ist kein Theologenstreit mehr, hier wird ein ganz wesentlicher Unterschied zwischen dem östlichen und dem westlichen Denken berührt, es geht um das Mysterium, und das ist der Kernpunkt unseres Glaubens. Erbsünde, Dreifaltigkeit, Eucharistie, Kreuzestod, Auferstehung lassen sich nicht vor das Tribunal menschlicher Vernunft zerren, sie unterliegen auch keiner Mehrheitsentscheidung...«

Meine hilflose Frage, was man denn machen kann, beantwortet er nur mit einer schweigenden Öffnung seiner Gärtnerhände, und die Ritzen und Fältchen seiner Stirn formen sich zu einem gotischen Rätselbild. »Der Weg ist ebenso geheimnisvoll wie sein Ziel«, sagt er schließlich ganz leise, »er führt über Abgründe und durch die Hölle, er kann Jahre dauern und bedeutet Kampf mit einem unerbittlichen Feind. Der Weg heißt Demut und das Ziel Jesus.«

Dann schlägt er mir mit der flachen Hand zweimal auf die Knie und geht zu seinen Beeten zurück. Vom Zellengang aus sehe ich ihn wieder mit Rechen und Harke schaffen. Jeder einzelnen Blume gilt seine liebevolle Aufmerksamkeit. Als er schließlich über all diese Pracht den Schlauch hält und mit dem Daumen munter das Spiel des Wassers reguliert, leuchtet um seine hagere Gestalt das bunte Licht der Regenbogen.

24. Sternenhimmel, Judasnacht

Noch ein Schimmer im Gartengrün, noch ein letztes Glitzern der Ölbäume im Wind, und die Nacht zum Karfreitag breitet ihren unheimlichen Mantel über Prodromou. Kein Schritt mehr auf den weiten Steingängen, keine Schattengestalt im leeren Klosterhof, wo die alten Zypressen wie unerschütterliche Wächter die geduckte Kirche umstehen. Wissen sie, daß diese schlimme Stille nur das Vorspiel eines langen, schlaflosen Klagens ist? Knisterndes Anhalten des Atems, bevor die Dinge der Passion unaufhaltsam in Kraft treten. Sie sind schon ganz nahe, nur eine kleine Weile noch, die Spanne eines Herzklopfens. Wild, empört, voller Angst.

Als gingen sie erst einmal in Deckung, so sind die Mönche bereits am frühen Abend auf leisen Sohlen verschwunden. Wir sind allein in der Trapeza. Eine Scheibe Brot, eine Handvoll Oliven, ein Glas Wasser. Sonst nur die blanken Holztische, man schämt sich fast, überhaupt einen Bissen zu nehmen. Selbst im strengsten Fasten ist immer noch eine Spur liebevoller Sorge für den Gast, den man nicht ungeschützt den Ungewißheiten dieser Nacht überlassen möchte. Doch es fällt schwer, nicht berührt zu sein von diesem tückischen Warten. Jede Bewegung, jeder Laut steigert sich im Halbdunkel der Ereignislosigkeit ins Dramatische, als breche Unheil an. Aber das ist wohl der Nerv dieser Stunde.

Angezogen, sprungbereit liegen wir auf unseren Pritschen, die Fenster weit geöffnet, nur ein Öllicht flakkert scheu. An der weißen Wand das Schattenspiel der

Flamme, zuckend über dem süßlichen Bild eines Schmerzensmannes mit gefesselten Händen, Rohrstock und Dornenkrone. Die Strenge ringsum reduziert die Kitschgebärde. Mehr noch, es paßt zu dieser schwarzen Fensteröffnung und dem dunklen Gewebe der Gärten. Draußen ist Judasnacht, draußen ist *gethsemani*.

Dann trifft uns der Schlag des Simandrons, unerbittlich, brutal. Ganz nah beginnt der Mönch mit dem Hammer seine Runde, trommelt wie von Sinnen seine Truppen herbei, als lärme der Feind, der Verräter schon vor dem Tor. Jetzt ist keine Zeit, keine Rücksicht für verträumte Schläfer. Hastig klicken die Schritte auf den Steinen. Marsch, Eile ist geboten, und dieses alarmierende Rufen verstummt erst, als auch der letzte Vater mühsam schlurfend im Katholikon verschwindet, eine Nachtgestalt, alt und gebückt. Stille.

Als ich mich im Dunkel der Kirche vortaste, hilft mir der junge, in Paris studierende Mönch Maxime – ganz nahe im Kerzenschein, sein mitleidvoller Blick, der Flüsterton seiner besorgten Mahnung: die Lesungen seien sehr lange, »vous allez vous ennuyer«. Doch dann führt er, wie nach einem peinlichen Versprecher, die Hand an den Mund, er hat es nicht so gemeint.

Die monotone Dramatik nimmt ihren Lauf. Ja, lange, sehr lange Lesungen, unterbrochen nur von Prostrationen und dem spärlichen Spiel mit den Ikonenlichtern. Aber da ist keine Spur von Langeweile, vielmehr die auf eine ganze Nacht verteilte Spannung erregten Klagens. Eine Litanei der Schmach und Entrüstung, immer wieder anhebend zu neuen Vorwürfen, Bezichtigungen, Beschuldigungen, die nur einen einzigen treffen: Judas Iskariot, den *jehuda schekaria,* den Verräter, den Täuscher, den Falschen, den Betrüger, den Selbstmörder.

So wechseln Hohn und Verachtung einander ab, ungehemmter Haß, der sich bisweilen bis zur Schadenfreude steigert. Er sei von der »Rasse der Schlangen«, heißt es da hechelnd, »die Speise noch im Mund«, habe er »gegen Gott komplottiert« und »nichts Besseres verdient«. Er hat »das Brot genommen und war wie ein Mörder«, ein »Auswurf« ist er, dem am bekannten, übelbeleumdeten Ort Hakeldamache, dem Butacker, der »Leib auseinander barst und alle Eingeweide herausfielen«.

Dann werfen sie sich zu Boden, das Gesicht in den Händen gegraben. Ich folge ihnen, man schiebt mir gnädig eine Strohmatte zu, und ich möchte den Schatten neben mir fragen: Ist das denn alles? Ist da denn keine Gnade? Hat Judas, hat der Verworfene, tatsächlich die »Auferstehung am dritten Tage nicht gesehen?«

Fragen möchte ich diese traurigen Männer, ob der »Verrat« nicht vielmehr eine »Auslieferung« war und die Selbsttötung im dunkeln Hinnomtal ein Akt letzter Verzweiflung. Teilt nicht dieser Judas das Los Johannes des Täufers, des Beschützers dieses Klosters? Im Kerker des Herodes fieberte er einem schlimmen Ende entgegen, gipfelnd in der abgründigen Frage: »Bist du es, der da kommen soll, oder müssen wir auf einen anderen warten?« (Lk. 7,19). Ein Theologe hat beide, Johannes und Judas, als »Auserwählte« bezeichnet – eine finstere Hommage. Zwei Männer um Jesus, zwei aus dem innersten Kreis: der eine von geiler Mörderhand enthauptet, der andere nimmt sich den Strick. Das dramatische Material der Erlösung. Sind nicht deshalb die Berichte von einer seltsam abgeklärten Ruhe? Jesus sagt nach der Umarmung am Ölberg nur: »Freund, dazu bist du gekommen?« Da ist noch eine Spur Zärtlichkeit. Und später heißt es von Judas, daß ihn seine Tat »reute«: »Ich habe gesündigt, ich habe euch einen unschuldigen Menschen ausgeliefert« (Mt. 27,4).

So fallen mir in den Schaudern dieser östlichen

Nachtliturgie all jene westlichen Theologen ein, die um Nachsicht mit dem Erhängten bitten. Sie hätten hier kein Gewicht, es wäre erschreckende Häresie. Und doch drängt es mich, gerade vor dem Hintergrund der Folterfresken dieser Kirche zu fragen, ob »Wahrheit« bloß ein abstraktes Stück großer Vergangenheit ist oder ob sie sich nicht unter der Last der Geschichte verändert. Was ist mit dem in unseren christlichen Kirchen während Jahrhunderten geschürten Judenhaß? Was mit dem Todeslager von Auschwitz? Geht das nicht ein in die alte Wahrheit, indem es sie abgründig steigert?

So war es gut, daß die Spannung der Nacht von Prodromou mir keine Ruhe gelassen hat und mich Monate später ausgerechnet ein Mönch der Ostkirche im Zusammenhang mit der Verstrickung des Judas auf die uralte Geschichte Jakobs verwies: sein Sohn Josef wurde ja von dessen Bruder Juda für zwanzig Silberlinge verkauft. So ging es und so gehen wir, beladen mit immer neuer Schuld und der deprimierenden Lebenskonstante der Untreue gegenüber Gott. Fragten nicht deshalb die Jünger am Abendmahltisch, als ihnen Verrat und Auslieferung angekündigt wurden, wie aus einem Munde: »Bin ich es etwa, Herr?« Ein verräterisches Geständnis. Jeder war zu allem fähig!

Aber ich kenne diese Hinweise aus der Schrift so noch nicht, als ich, bedrückt von den archaischen Klage- und Anklageliedern, die Kirche von Prodromou verlasse. Draußen ist Stille, große zeitlose Athosstille. Ein warmer Wind streicht durch die Zypressen. Der Himmel ist ein einziges Gewölbe aus strahlenden Sternen; sie flackern, sind greifbar nahe. So ist an diesem einsamen Ort zwischen dem Schatten des Berges und der dumpf rauschenden See bereits ein Ahnung von Trost, der viel von der Angst und Enge im viel größeren, unendlichen Glanz dieser Nacht aufgehen läßt.

25. Karfreitag in der Wüste

Waren sie noch immer oder sind sie schon wieder in der Kirche? Nicht festzustellen an diesem Karfreitag, wolkenverhangen, regenschwer. Nebelfetzen ziehen über Prodromou gegen den Berg. Die See ist grau und durchsetzt von den weißen Kronen brechender Wellen. Wird heute noch ein Schiff kommen? Die Mönche, die wir um Auskunft bitten, machen eine skeptische Miene. Hin und wieder steigen sie auf einen der brüchigen Balkone und spähen hinaus aufs Meer. Geduld, Geduld, man weiß nicht recht, um Mittag vielleicht, spätestens um eins. Aber es sieht nicht gut aus. Der junge Andreas fragt schon voller Erwartung, ob wir nicht zusammen Ostern feiern wollten, und es tut mir leid, ihn vertrösten zu müssen. Ich zögere ja selbst.

Alexis ist schon längst mit einer Gruppe junger Griechen in Richtung Westküste losmarschiert. Auch Couven drängt zum Aufbruch. Schließlich sind wir zur Osternacht im Russenkloster Panteleimonos verabredet und müssen jetzt zusehen, welchen Weg wir einschlagen wollen. Bis zum Bergdorf Hagi Anna bleiben noch sechs Stunden, dann wird uns wohl ein Schiff mitnehmen. So sitzen wir unausgeschlafen und etwas gereizt über unseren Landkarten. Schließlich zieht auch Couven los. Vater Nikolaos weist ihm den Weg, meint, nach einer kurzen, schwierigen Steigung werde es zunehmend besser, der Pfad führe direkt unter das Athosmassiv, vorbei am Einsiedlernest Kerasia, zur anderen Küste. »Bis Samstagabend in Panteleimonos«, rufen wir uns zu, und er verschwindet mit seinem roten Rucksack im Dickicht des Bergpfades.

So bin ich ganz allein in Prodromou und empfinde diese programmlose Stille wie eine Wohltat. In der Kirche beginnt die Liturgie der Kreuzverehrung, ein Kruzifix mit eingeschnitztem Corpus ist unter der Kuppel aufgestellt. Zu jeder Seite brennt eine Kerze, und die zu Tode traurigen Gesänge hallen durch das Halbdunkel des Raumes. Kein liturgischer Pomp. Alles hier im Rumänenkloster berührt das Einfache, Ländliche. Keine mächtigen Chöre, keine tragischen Rezitationen. Nur dumpfes Gemurmel, schwarzverhangen, unspektakulär auf dieses bäuerliche Kreuz ausgerichtet, dem sie sich mit Kniefällen nähern, das sie schließlich umarmen. Man möchte meinen, mit Tränen.

Zu Mittag bringt Vater Nikolaos eine Scheibe Brot und einen Teller mit Oliven. Nein, kein Schiff wird es wagen, den Hafen anzulaufen, meint er resignierend, das nächste Boot sei erst für Ostermontag angekündigt. Schließlich gebe ich mir einen Ruck und mache mich auf den Weg. So lange kann ich nicht warten, jetzt zieht es auch mich nach Panteleimonos. Aber ich werde mich beeilen müssen.

Das erste Stück Weg ist ein uralter Steinpfad, der sich steil durch die Sträucher windet, ein Weg der Leiden, den ich noch gut in Erinnerung habe, von dem ich jedoch auch weiß, daß er oben alle Mühen lohnt. Da ist ein altes verwittertes Wegkreuz, den Eintritt in die Einsiedlerwüste ankündigend. Tief unten die Steilküste, zum ersten Mal der wilde, zerklüftete Süden des Athos. Zur Linken in der Ferne wie Abschiedszeichen die Silhouette der Lawrazinnen und die zahlreichen im Hochwald versteckten Kapellen. Großartig die Lage von Prodromou, ganz angeschmiegt an die waghalsige Bergterrasse. Absteigende Gärten, die grünen gepfleg-

ten Flächen wie Teppiche, dann stürzt alles senkrecht
ins Meer. Zur Rechten jedoch, oberhalb der erschrek-
kenden Wildnis von Ionna Kopula, die Höhle des heiligen Athanasius. Zweihundert Steinstufen führen zu
einer Kapellennische, darin ein silberbeschlagenes
Marienbild. Die Mönche berichten, es stamme aus Palästina, die heilige Maria von Ägypten, eine ehemalige
Dirne, habe bereits davor gebetet.

Es geht eine erschütternde Kraft von diesem einsamen Ort aus. So war es schon damals mit den Freunden
hier oben. Man zuckt zusammen, wird ganz still. »Was
ist der Mensch, daß du seiner gedenkst«, möchte man
fragen an dieser Nahtstelle, die aufräumt mit unseren
kleinbürgerlichen Vorstellungen von Heimat und Sicherheit. Hier sind nur noch Abgründe, dunkle Schluch-
ten. Athoskenner mahnen dann auch ummißverständ-
lich, daß von Alleingängen in diesem Gebiet in jedem
Fall abzuraten sei. Ich spüre diese Gefahren, aber da ist
auch ein irrer Sog. Es knistert elementare Freiheit, das
Gefühl des Unverfälschten, das Drängen nach Einstieg
und Überwindung. Ein Leben gibt dir nur wenige Au-
genblicke, in denen du das Wagnis der Existenz ganz
spürst. Droben verbirgt sich hinter schwarzgrauen Wolken der Gipfel wie ein drohendes Fabeltier, in der Tiefe
das grüne, gierige Rebellieren der See, die sich kampf-
bereit gegen die Felsen stürzt.

So gehe ich, ohne eigentlich zu wissen weshalb,
diesen riskanten Pfad weiter. Nicht den breiteren nach
Kerasia ansteigenden, sondern abwärts, quer durch die
Felsenschlucht. Ein Erdbeben um die Jahrhundertwende hat eine riesige Mondlandschaft hinterlassen. Zu
diesem irrationalen, kaum verantwortbaren Manöver
bewegt mich zwar auch die Spur Hoffnung, bei den
Malermönchen von Kavsokalivia doch noch ein Boot
nach Hagi Anna zu erreichen. Aber den Ausschlag für

111

die riskante Entscheidung gibt wohl ein innerer Drang nach Wiederholung. Wer einmal hier zwischen Himmel und Erde unterwegs war, den zieht es immer wieder dorthin zurück; es muß so sein.

Ganz allein, Karfreitag um drei Uhr diese Gottverlassenheit durchschreiten, das gehört zu den Verrücktheiten meiner persönlichen Geschichte, auf die ich nicht verzichten möchte. Es ist die Verlockung der Grenze. Es ist Tabula-rasa: dieser Ort und diese Stunde. Da ist tief in der Seele der Wunsch loszulassen. Nicht aufhören, abstürzen, wegtauchen, kopfüber ins Bodenlose. Anders noch: sich dem ganz Wenigen überlassen, Platz finden im Geringen. Loslassen die Fluchtwege, die Gedanken und Sicherheiten. Das ist ja die große Verdrängung, unsere panische Angst: alles, nur nicht das Eigentliche. Wenn es jedoch da wäre – das Eigentliche – wenn wir uns seinem Sog überlassen könnten, wären diese Steinwüste und ihr gekreuzigter Gott Einstieg und Pforte zum verlorenen Paradies.

Keine Stimmungen mehr, alles ist abgeräumt, nur noch der nackte Mensch und die Unendlichkeit, rauh, berauschend. Hier könnte Becketts Godot warten und Heidegger seine abstrakte Formel vom »Hineingehaltensein in das Nichts« erproben. Hier wäre der Ort, wo die blinde Wildnis unserer Malerei ihren eigentlichen Gegenstand wiederfände. Im Geröll über diesem Gewittermeer würde sie nicht mehr in Bildlosigkeit gestikulieren. Die Leere, die Gewalt der Stille über schmerzlichen Fragen, sie stünde ihr an dieser Küste mit harten Zügen trotzig Modell. Aber aushalten, ausharren, das kann hier nur eine Neigung des Herzens sein, die sich in keiner »Theologie nach dem Tode Gottes« findet. An diesem Ort, zu dieser Stunde sich das Kreuz auszumalen, das heißt tatsächlich an Gespenster glauben. Der Wolkenvorhang zerreißt, die große Finsternis kommt übers Meer, und der Sturm läßt die Totenschädel in den hohlen Felsengräbern der Einsiedler noch einmal erzittern. Wer jedoch noch immer nicht glauben will, es sei Gottes Sohn gewesen, der sich da zu Tode schrie, der möge hochmütig unter Donnerschlag und Blitz weitergehen. Er wird hier auf Schritt und Tritt neuen Grund für Verzweiflung finden, aber wehe, ihm begegnet der stille Blick eines Beters, es wird ihn in Flucht und Tränen treiben. So wie die dunklen Gestalten der vergangenen Nacht, Petrus und Judas. Wir sind alle nur Gescheiterte.

So lese ich, an die Felswand gelehnt, noch einmal, ganz langsam, Wort für Wort den Sterbepsalm »Mein Gott, mein Gott, warum hast Du mich verlassen?« und es ist gut, gewiß zu sein, daß da ein armer, geschundener Mensch um sein Leben winselt und nicht ein durchtrainierter Pantokrator-Christus mit lässiger Segenshand eine Großtat der Heilsgeschichte vollbringt. Junge Farren, reißende Löwenrachen, Rudel Hunde umstehen auch ihn. Jetzt ist er den ihn bergenden und sanft wiegenden Marienhänden entschwunden. Die Lieblichkeit und der Goldglanz aller wundertätigen Athos-Ikonen bieten keinen Schutz mehr in dieser schlimmen, letzten Zone des Menschseins. O Haupt voll Blut und Wunden, jetzt gehört er ganz zu uns.

Aber selbst das ästhetische Schmachten der Kunstgeschichte kann ja nicht vertuschen, das es den meisten Heiligen, die uns in diesen Klostern von den Freskenwänden so hager und dunkel anblicken, nicht anders erging. Entsagung, Folter und Martyrium waren ihr Los. So habe ich es zuletzt noch erfahren in der Koukouzelissa-Kapelle der Lawra. Wie von Magritte gemalt, erscheint der Täufer in einer erschreckenden Szene als Engel mit dem eigenen Haupt in der Hand. Ich sah hier den schreienden Jonas im Hals des Fisches, Orestes von wilden Pferden zu Tode geschleift, den gütigen Ignatios

Theophoros von Raubtieren zerrissen. Und gestern erst im Vorhaus der Kirche von Prodromou? Ein einziges Stechen, Rädern, Steinigen, Enthäuten, Schlagen, Schneiden. Ein Schlachtfest, überall spritzt das Blut.

Es hat zu regnen begonnen, unten, dreihundert Meter tief das Meer, streitsüchtig, schwarzblau, wie zum Angriff entschlossen. Höchste Zeit zu gehen, und ich frage, was das für eine Religion ist, die Gott einen schrecklichen Menschentod sterben läßt und ihre Heiligen wie die Lämmer abschlachtet. Die Panagia steht unter dem Kreuz. Alle Herzen gebrochen. Das ist die Niederlage. Kein Leben, das da nicht hindurch müßte.

26. Die Hütte an der Baumgrenze

Der Einsiedler sieht durch mich hindurch. Er steht aufrecht im Fenster eines kleines Holzhauses und blickt aufs Meer. Die Augen scheinen müde und traurig. Nur der Mund öffnet sich in gleichmäßigen Abständen, als forme er ein kurzes Wort, das den langen, grauen Bart erzittern läßt, bevor er es mit langanhaltendem Atem wieder in sich hinein versenkt. Der Regen trommelt auf das Wellblechdach, eine Szene von heftiger Monotonie und Schwermut. Dann verschwindet der Alte, und zurück bleibt das leere schwarze Fensterloch mit dem erbärmlichen Rahmen. Graues, billiges Holz, von Wind und Wetter blankgefegt.

Ich glaube diesen Platz wiederzuerkennen. Da steht er noch, gespreizt über den Etagengärten, jener große Kirschbaum, unter den uns vor Jahren zwei alte Mönche luden. Wie ausgelassene Kinder sind wir damals in seinem grünen Schattendach herumgeklettert, Mund und Finger dunkelrot gefärbt vom Saft der Früchte. Die Szene ist ganz tief in die Seele gefallen, hatte sie doch noch einmal die Sehnsucht nach der unwiederbringlichen Freiheit der Kindertage geweckt, ein leiser melancholischer Stich, den die väterliche Nähe der Alten aufnahm. Damals traf uns ein dunkler Blick. Alles war da und verstanden.

So erschrecke ich, als sich plötzlich die Tür öffnet und ich wieder in dieselben Augen sehe, die mich wie Feuer trafen. Kein Zweifel, es ist Pavlos, der jüngere der beiden, jetzt aber ganz ergraut, mit langem, schütterem

Haar, im Nacken geknotet. So stand er damals vor mir, eine hagere Wüstengestalt, in elenden Klamotten, die ihm auf den Rippen klebten wie ein immer wieder geflickter Sack. So trat er näher damals, nahm mein Hand, kurz und fest. Sei willkommen Freund! Es waren Hände eines Arbeiters, eines Beters, die jetzt, als sie groß und mit kräftigen braungebrannten Adern an ihm herunterhingen, hilflos, wehrlos wirkten.

Diese Hände haben die Qualität seiner Augen. In ihnen funkelt Mystik, innerstes Geheimnis. Ganz einfach und unsagbar schwer zugleich. Ich sehe auf die Hände, denke für einen Moment: sie blicken dich an. Kehre ich jedoch in die Augen zurück, ist es, als ob sie mich festhielten, so wie man ein Kind festhält in liebevoller Sorge, als könne man nicht Hände und Augen genug haben, es zu beschützen und sich über seine Gegenwart zu freuen. Aber jenseits von Augenblick und Händedruck ist etwas ganz anderes «da». Ich spüre sofort, daß eine unheimliche, so nie erlebte, bannende Kraft davon ausgeht. Ich bin mir nicht sicher: ist es ein vielleicht ein Glanz, ist es ein Leuchten?

Später erinnerte ich mich, daß mir eine Freundin unmittelbar vor unserer Abreise erzählt hatte, es gebe auf dem Athos noch einige Mönche, bei denen man tatsächlich einen »Heiligenschein« erkennen könne. Ich hatte etwas gelächelt. Aber jetzt wurde mir klar, was damit gemeint sein konnte. Nicht darzustellende Schönheit, nicht in Worte zu fassende Güte, unspektakuläre Präsenz einer jenseits von uns wartenden Macht. Zwar als Einbruch und Anrühren bis in die letzte Faser spürbar, jedoch zugleich unüberwindliche Grenze. Das Geschaute ist zugleich unauslöschliches Erlebnis und Entzug; wir vermögen die unverhoffte Fülle nicht zu ertragen. Wir können auch nicht nähertreten und sie erfassen. Sie zieht zugleich machtvoll an und flößt nicht minder Furcht, Zurückhaltung ein. Man schreckt zurück vor der eigenen Unzulänglichkeit und fühlt sich dennoch aufgehoben, verstanden, akzeptiert. Der auf uns gerichtete Blick ist zugleich ein Spiegel des eigenen Herzens in all seinen verborgensten Sehnsüchten und Verstrickungen. Kein Zweifel, da ist jemand, der die Macht der Liebe hat. Glut vom Dornbusch, die er in seinen armen Händen bereithält für die Kälte tief in uns. Sie ist von sanfter, erschütternder Gewalt, lange kann man das nicht ertragen.

Und plötzlich wird mir für mein Leben klar, daß ich hierher kommen mußte. Mein Alleinsein in Prodromou und der Umweg durch die Steinwüste waren nur kleine, harmlose Fügungen, das Wiedersehen mit Pavlos möglich zu machen. Überhaupt erschienen jetzt all diese überraschenden Zusammenhänge und Zufälle, das glückliche Zustandekommen dieser Reise und die ganze Wanderung auf den verästelten Athospfaden wie ein diskret eingefädeltes Arrangement. Alles andere war plötzlich von untergeordneter, vorbereitender Bedeutung. Nur er gab dem Ganzen den eigentlichen Sinn.

Blieb ich zehn Minuten oder eine halbe Stunde in seiner Nähe, ich vermag es nicht zu sagen. Es war ja alles nicht mehr eine Frage von »Zeit«. Die wenigen Worte, die wir wechselten, einige Brocken kümmerliches Englisch, sie wären kaum von Belang, wir haben ja kein Gespräch geführt. Nur war da eine entscheidende Regung. Das Wort *children* löste sie aus, das mich, so wie er es sagte und mich dabei in die dunkle Güte seiner Augen zog, wie ein Blitz traf. Ja, augenblicklich wurde mir dabei klar, daß er alles, was mich in diesem Kontext bewegte, längst wußte. Geschockt, hilfesuchend zuckte ich zusammen, und er ließ mich verstehen, daß es das sei. Er hatte in mein Innerstes gesehen und bat mich, ohne Sorge zu sein, alles sei gut so.

Pavlos' mich umschließende Augen und Hände waren die Stimme seines Herzens. Aber das Herz dieses Mannes war so sehr vom Licht Gottes und von der Liebe zu den Menschen erfüllt, daß ihm der mühelose Durchblick gelang. Sein Leben in dieser Einsamkeit bestand ja seit vierzig Jahren in nichts anderem, als sich in diese unendliche Öffnung zu begeben, sich ganz leer und frei dafür zu machen.

Fürchte dich nicht – in dieser Gewißheit verlasse ich den alten Mann im Karfreitagsregen. Er bittet mich, noch einen Moment zu warten und verschwindet nach oben ins dunkle Hütteninnere. Dann kehrt er zurück, mit einem Komvoschinion, einer schwarzen Gebetsschnur, in den Händen. Nein, keinen Penny wolle er dafür, er habe sie selbst geflochten, das sei jetzt unser gemeinsames Band. Sich festhalten am Namen Jesus, Erbarmen, Erbarmen, immer wieder. »Tenderly«, so lächelt er, »day and night.«

So sehe ich ihn noch oben an der Baumgrenze im Türrahmen stehen: die Augen, zwei leuchtend schwarze Punkte im zerfurchten Greisengesicht, die gefalteten Hände zum Gruß hoch erhoben. Dann mache ich mich auf den Weg nach Kavsokalivia. Den Steinpfad hinabsteigend, laufen mir, wie einem kleinen Jungen, die nicht mehr aufzuhaltenden Tränen übers Gesicht.

27.

Paul Celan
in memoriam

Das ist der Zwiespalt unserer Ankunft in Kavsokalivia: Man wird empfangen wie ein König, gilt aber dennoch unmißverständlich als Ketzer. Vom Besuch der Gottesdienste wird dringend abgeraten, der Gastpater versteht es, alles so zu arrangieren, daß man sich erst gar nicht in der Umgebung der Dreifaltigkeitskirche herumtreibt, wenn das Maultiergebimmel die sich nähernden Väter ankündigt. Im Gästehaus, das sich gleich am Bergpfad befindet, ist man jedoch der Hochwillkommene, dem die ganze Fürsorge des emsigen Bruders Germanos gilt, der die orthodoxe Strenge seiner älteren Mitbrüder zwar konsequent respektiert, jedoch bisweilen auch ein kleines Augenzwinkern des Bedauerns aufblitzen läßt, so als wolle er sagen: »Es tut mir leid, ich habe das nicht erfunden.« Immer wieder verschwindet der Wieselflinke mit seiner abgetragenen Kutte in die Küche, deren Zutritt nicht gestattet ist, und erscheint mit neuen Überraschungen. Erst das Täßchen *helleniko*, ein Krug Wasser, der *loukoumi*, dann wie eine kleine Heimlichkeit der Schnaps. Die Frage nach dem Zeitpunkt der Karfreitagsliturgie überhört er ganz einfach, bringt jedoch statt dessen Teller, Besteck, Servietten und fordert dazu auf, sich es auf der überdachten Terrasse bequem einzurichten, das Schuhwerk zu lösen, jetzt beginne der gemütliche Teil. Nein, an ein Schiff sei überhaupt nicht mehr zu denken, grinst Germanos, benutzt das deutsche Wort »Feierabend«, fordert auf zur Gelassenheit, mimt einen Schlafenden; er werde schon für alles sorgen.

Als schließlich nebenan mit dumpfen Glocken-schlägen die Vesper beginnt, tischt er Bohnensuppe, Brot, Zwiebel, in Öl geschnittene Kartoffeln, Zitronen und Oliven auf. Schließlich erscheint er noch einmal wie ein Komplize mit einem Glas süßen Rotweins. Spätestens jetzt hat er alle Fastengebote außer Kraft gesetzt, bittet deshalb auch, das Gläschen möglichst rasch herunterzukippen, aber er hat uns nicht nur vom Gottesdienst ferngehalten, sondern sogar »schmecken« lassen, daß wir eben keine Orthodoxen sind. Mit einer Miene des Bedauerns, so als hätten wir vom verbotenen Baume gegessen, räumt er die leeren Teller und Gläser wieder weg…

Auch bei unserem ersten Besuch hielt uns ein Unwetter in Kavsokalivia fest. 48 Stunden mußten wir hier ausharren, eine Zeit, die wir genossen haben; sie war von intensiver Stille erfüllt. Und sie gab uns einen Einblick in dieses seltsame Malerdorf, das noch zur Jahrhundertwende mit den Stiftungen des Patriarchen Joakim III. aus Konstantinopel beehrt wurde, der sich in den Weingärten so etwas wie ein Landhaus einrichtete. Man spürt es auf Schritt und Tritt in diesem grünen Berghang: hier herrscht die gepflegte Beschaulichkeit einer etwas verwöhnten Kolonie, eine künstlerische Enklave, durchwoben von feineren, schöngeistigen Ansprüchen. Fast villenartig, so möchte man diese Häuschen bezeichnen, überall Sonnenterrassen, Weinlaub; innen glitzert das Feingold der Ikonen, sitzen die Meister vor den Staffeleien. Sie sind wohlgenährt; ihnen scheint es an nichts zu fehlen. Kavsokalivia, das ist auch ein bißchen St. Paul-de-Vence, aber nicht ganz. Denn hier lastet der Schatten der Gipfelregion wie eine stete, drängende Mahnung, sich der Ursprünge zu entsinnen. Und diese sind streng, monastisch, mystisch. Es gibt sogar einige sonderbare, dunkle Begebenheiten.

Der Einsiedler Maximos, der im 14. Jahrhundert diesem herrlichen Flecken den Namen gab, würde wohl heutzutage in diesem eher mondänen Bezirk seinen Augen nicht mehr trauen. Die Chroniken wollen wissen, er habe, um sich vor den Belästigungen der Besucher zu schützen, seine ärmliche Hütte immer wieder verbrannt. Die vier Lebensbeschreibungen, die über ihn im 15. und im 16. Jahrhundert verfaßt wurden, rühmen den Gründer des Ortes der »verbrannten Hütten« als einen großen und vorbildlichen Asketen. Gregorios der Sinait hat mit ihm einen bedeutenden Dialog über das Gebet geführt; die Kaiser Johannes Kantazunes und Johannes Paleologos baten ihn um Rat. Maximos galt als ein Meister des Gebetes der Herzensstille, in das er erstmals auf dem Athos auch die Muttergottes mit einschloß. Er verbreitete eine Aura, ein überirdisches Leuchten um sich und besaß obendrein die obskure Gabe der Levitation, die es ihm erlaubt haben soll, den Athosgipfel schwebend zu erreichen. Dieses freie Schweben des menschlichen Körpers wird auch von mehreren katholischen Heiligen in der mystischen Ekstase glaubhaft bezeugt, etwa von der Kirchenlehrerin Teresa von Avila. In fernöstlichen Religionen ist das Phänomen ebenfalls bekannt, wenn auch die Mystiker selbst sich nur mit großer Zurückhaltung dazu äußern. Eine befriedigende Erklärung, etwa durch die Parapsychologie, steht noch aus.

Von einem anderen Malermönch aus Kavsokalivia, Agihios Akakios, der in der ersten Hälfte des 18. Jahrhunderts hier lebte, ist ebenfalls eine außergewöhnliche Körperbeherrschung überliefert, er soll im Stehen, als der vornehmsten Haltung des Gebetes, sogar geschlafen haben.

In Zusammenhang mit diesem Phänomen ist es nicht uninteressant, die kuriose Begebenheit zu erwähnen, die dem Autor Erich Feigl hier widerfuhr. Als er Mitte der fünfziger Jahre zusammen mit seinem Freund Walter Rex und einem amerikanischen Medizinstudenten den Gipfel bestieg, entdeckten sie nach einer in der Metamorphosiskapelle verbrachten Nacht in der Einsamkeit der Bergspitze einen hageren, hochgewachsenen Mönch in dunkelgrauer Kutte mit Lederriemen um die Hüfte, der nach byzantinischer Art Proskynisis übte, ein Gebet des sich ständigen Niederwerfens und langsamen Erhebens. Als sie sich jedoch – gebannt von der Schönheit dieser Bewegungen – dem Mönch nähern wollten, löste er sich vor ihren Augen in nichts auf. Alle Bemühungen, ihn wiederzusehen oder sein »Versteck« ausfindig zu machen, verliefen erfolglos. Als die drei jedoch am Nachmittag in verständlicher Aufregung das Gipfelkreuz verließen, stieß der junge Amerikaner plötzlich einen kurzen Schrei aus, denn der Mönch erschien erneut, sich flach auf den Boden legend, mit der Stirne die Erde berührend und wieder die Arme ausstreckend.

Die drei Männer staunten allerdings noch mehr, als ihr Bericht am Abend in Hagi Anna keineswegs Verwunderung auslöste, sondern zustimmende Anerkennung. Für die Mönche war völlig klar, daß sich der Proskynisis übende Mönch bei den dreien bedanken wollte, weil sie zuvor die Kapelle unterhalb des Gipfels gesäubert hatten. Es habe sich dabei entweder um den heiligen Maximos von Kavsokalivia, den heiligen Einsiedler Nilos oder gar um den heiligen Athanasius gehandelt. Das Phänomen dieser Erscheinung galt bei den Athosmönchen als erfreulich, jedoch keineswegs als etwas Außergewöhnliches. Es gehörte zu den Erfahrungen, von denen ihre Heiligenleben und Legenden immer wieder berichten, sie streben ja selbst ganz in diese Richtung der Loslösung fleischlicher Last und totaler Vergeistigung, eine Übung, die seit frühester christlicher Zeit zum geistigen Klima des Heiligen Berges gehört. Dann ist es kein Wunder zu nennen, wenn plötzlich die heiligen Väter erscheinen und Zeichen setzen.

Der österreichische Bergsteiger Herbert Lackerbauer, den ich im Mai 1995 in einer Taverne von Ouranapolis kennenlernte, hatte allerdings für derlei Phänomene eine viel nüchterne Erklärung. Er war bereits mit Reinhold Messmer auf Expeditionen unterwegs und hatte gerade seinen ersten Athosaufenthalt mit einer Besteigung des Heiligen Berges abgeschlossen. So berichtete er mir vom sogenannten »Brockengespenst«, ein nicht allein auf dem Brocken, dem höchsten Harzberg, beobachtetes Schattenbild der Wanderer auf dem Hintergrund naher Nebelschwaden, das meist riesengroß erscheint, manchmal von farbigen Ringen umgeben ist. Aber in das Schmunzeln des kräftigen Mannes mischte sich auch viel Respekt. Oben am Gipfelkreuz des Athos hatte ihn ein Wissenschaftler auf eine andere, sonderbare Entdeckung aufmerksam gemacht. Der Schatten des Berges warf während der Morgen- und Abenddämmerung die gestochen scharfen Konturen einer Pyramide aufs ägäische Meer, deren Spitze in kurioser Präzision jeweils Thessaloniki und Konstantinopel berührte...

Wenn man die Mönche in Ihren kleinen, alltäglichen Gesten beobachtet, versteht man die fließende Grenze zum Wunderbaren besser. Immer wieder sieht man sie sich bekreuzigen und verbeugen, an abgelegensten Stellen im Gebirge stehen mit frischen Blumen geschmückte Kreuze, brennen vor kleinen Laternen-Ikonen die Öllichter. Hier gilt ein alter Baum als besonders bedeutend, weil er einem Heiligen Schutz gewährte, dort ist eine Quelle, deren Wasser Segenswirkung nachgesagt wird. Die geringste Spur, die hier Heil verheißt, wird liebevoll verehrt, man nimmt dafür manche Mühsal, manchen Umweg gerne in Kauf.

Die Berichte der Verklärung auf dem Berg Tabor werden dann auch immer wieder als Beispiel dafür angeführt, wie das ist, wenn die »andere Welt« plötzlich in unsere Kümmernis hineinleuchtet. Das Taborlicht ist zugleich Hoffnung und bereits angebrochene Endzeit, Ouvertüre der Parusie und offener Kosmos, da kann es im himmlischen Spiel souveräner Schönheit durchaus passieren, daß dort, wo die Schwerkraft der Sünde tapfer abgetragen wurde, eine Kostprobe, eine Vorfreude der Herrlichkeit gewährt wird…

Davon erzählen auch die alten Ikonen im Malerdorf Kavsokalivia: da strahlt Christus als »das menschliche Antlitz Gottes«, da leuchtet »die mit der Sonne bekleidete Frau«, da steigen im Himmel die Engel und Heiligen auf und nieder. Die alte Welt liegt in Trümmern, es ist keine Klage, keine Trauer, keine Träne mehr.

Eine schöne Fügung, daß mir in dieser Stunde, draußen bei einbrechender Dunkelheit auf dem Vorplatz der Hagia-Triada-Kirche, die ich nicht betreten darf und aus der die sonoren Klagelieder der Karfreitagsliturgie matt herüberklingen, ein lange vergessenes Gedicht in den Sinn kommt. Paul Celan schrieb es nieder, der Jude, der Selbstmörder, der hier nie und nimmer eine Chance hätte. Ausgerechnet er, aber welche Macht der Nähe:

Es komme die Schuld über unser aller warnenden Zeichen,
es komme das gurgelnde Meer,
der geharnischte Windstoß der Umkehr,
der mitternächtige Tag,
es komme, was niemals noch war!
Es komme ein Mensch aus dem Grabe.

28.

Das Drama
der Schönheit

Wäre Dimitrios nicht erschienen, die Trauer hätte an diesem Abend ein schlimmes Spiel getrieben. Allein und ausgestoßen, so kam ich mir vor, es fehlte das behagliche Geschwätz der Freunde, vor mir lag der schreckliche Anstieg nach Kerasia, in aller Frühe würde ich aufbrechen müssen, um das Schiff in Hagi Anna noch zu erreichen, die große Osternacht bei den Russen in Panteleimonos rückte in weite Ferne, sie war zumindest jetzt sehr fraglich geworden.

Dann steht er plötzlich im Zimmer, sein sympathisches Grinsen im Schein einer Öllampe, durchnäßt, den Kragen hoch geschlagen, ein sehr später Gast in dieser Herberge der Einsamkeit. »Bonsoir mon ami«. In recht passablem Französisch meint er dann auch gleich, das müßten wir wohl zusammen durchstehen. Er ist sofort auf meiner Wellenlänge.

Schon hören wir Vater Germanos in der Küche hantieren, noch einmal das großzügige Essen und der Wein. Dimitrios stutzt, trinkt dann aber doch. Überstürzt ist er in Athen aufgebrochen, hat seine Arztpraxis geschlossen. Seelenschmerz sei schlimmer, meint er, unbedingt habe er seinen alten Freund, den Maler Basilios, hier oben aufsuchen müssen. Aber jetzt nach drei Stunden jage ihn »ein Dämon« zurück, nein, er könne nicht länger bleiben, sein Unternehmen sei gescheitert, er gebe zu, sich getäuscht zu haben, er müsse wieder nach Athen, zurück in den »warmen Lärm der Nacht«, zu vertrauter Musik, in die Nähe der Frauen. Es gehe um

Kopf und Kragen, das frühe Boot in Hagi Anna sei seine einzige Hoffnung. So lasse ich ihn erzählen, kein Staunen und Fragen nach der verrückten Geschichte.

Sie ist mir zutiefst vertraut, und er honoriert die verschwiegene Solidarität mit dem Geständnis, es sei die Malerei, die Kunst, die ihn hin- und herjage. Präziser, das Drama der Schönheit. Er sei vom Schönen besessen und habe sich noch einmal von der Illusion treiben lassen, daß ihm Basilios, »wenn nicht er, wer denn sonst«, ein Bild zeigen werde, dessen Kraft ihn zur Ruhe kommen lasse. »Kalokagathia«, sagt er mit einem Lächeln voller Einsicht in die Vergeblichkeit von Träumen: das zugleich Schöne und Wahre, das Herrliche und Gute, der Abglanz des Heiligen, die »Flamme der Dinge«. Aber, er habe es in der Zelle des Freundes nicht mehr gefunden. Die Ikonen seien »stumm« gewesen, an ihrer »Zerbrechlichkeit« gescheitert, kein Licht, keine »Ähnlichkeit« mehr. Ihm bleibe nur die überstürzte Abreise, er schulde Basilios diese Verletzung; alles andere wäre Betrug, Verrat, Lüge. »Weil ich ihn liebe«, sagte er ganz leise, »muß ich in der Not verbleiben, zurück ins Dunkel flüchten.«

Er sagt es noch immer mit diesem kleinen bitteren Lächeln um den Lippen, makabre Selbstironie, mit der er die Widersprüche und Abgründe seiner Bekenntnisse etwas zu mildern versucht. Dieser Kunstnarr gehört zur aussterbenden Spezies des »marchand-amateur«, der jedoch nur dann etwas von seinen Schätzen veräußert, wenn er sich von einem Maler oder einem Bild »betrogen« fühlt. Er sagt es, als spreche er von einer unglücklich verlaufenen Liebesgeschichte, doch läßt er nicht zu, daß ich mich dabei amüsiere. Es ist ihm todernst, er leidet förmlich an dieser Sucht.

So versuche ich, seine schlimme Enttäuschung vom Nachmittag mit meinen Kenntnissen über die Andachtsbilder unserer alten flämischen Meister etwas zu

mildern, aber nahezu leidenschaftlich wehrt er das Ausweichen auf diese Seitenlinie ab. Mit einer Fülle von
Plato- und Kirchenväterzitaten über die Schöpfung und
den »göttlichen Eros als Geburt der Schönheit« belehrt
er mich, daß die »Emotionen des Abendlandes« als Al-
ternative zu seinen hohen byzantinischen Idealen keine
Chance haben. Der »Schmerzensmann« unserer gotischen Kathedralen sei nur die Darstellung des »verlassenen Gottes«, noch unerträglicher empfinde er »diese
rheinische Blutmystik« und selbst die erschütternde
Wehmut der Pietà hält seiner grundsätzlichen Kritik
nicht stand. »Nur eine römische Trauergestalt«, winkt
er verächtlich ab.

Schönheit sei jedoch »der Glanz des Wahren«, sie
leuchte von innen, wie von selbst. Die Ikone bedeute
deshalb auch keine »Darstellung«, »Kopie« oder ein
»Abbild«, sondern bereits Präsenz des Mysteriums; ihr
Lichtglanz gehöre zur »inneren Stimme der Dinge«; er
rühre unmittelbar aus der »unerschöpflichen Glut des
Dornbuschs« her. Was fasziniere, sei letzten Endes
nichts anderes als ein »Schimmer des Göttlichen«.

»Das ist eure Katastrophe«, flüstert er aggressiv,
»wenn überhaupt seid ihr noch zu weinerlichen Kreu-
zes- oder zu selbstmitleidigen Ecce-homo-Szenen fähig. Daß die Schönheit ein Name Gottes ist, will euch
nicht in den Sinn; ihr glaubt weder an die Heilige Dreifaltigkeit noch an den Heiligen Geist! Deshalb dieser
anarchische Absturz eurer Kunst, die nur noch das Ab-
wesende, nur noch Latrinen, Monster, Greuel und ihre
eigenen Seelenqualen malt. Die westliche Kunst ist eine
Galerie des Satans.«

»Und wo ist eure göttliche Schönheit geblieben«,
frage ich erbost, »weshalb rennst denn gerade du heute
wie ein Irrer nach Athen zurück? Weshalb malen eure
so entrückten Mönche, und weiß Gott nicht nur die

127

alten, ständig diesen glänzenden Fließbandkitsch? Zeige mir bitte in diesem Kaff eine einzige neue Ikone, die nicht rührselig die Vorschriften des abgegriffenen Malerbuches nachpinselt!«

Aber der zurückgelehnte Grieche genießt förmlich diese Replik. Als habe er mich gerade dorthin gelockt, lächelt er hintergründig, als ich ihm sage: »Wenn das eure ›Fenster zur Ewigkeit‹ sind, dann haben wir eine völlig andere Vorstellung von Himmel und Herrlichkeit. Woher, Dimitrios, nehmt ihr Griechen eigentlich diesen blinden Stolz? Woher dieses hochmütige Pochen auf Alleinbesitz aller Wahrheit?«

»Das ist eben der Punkt, mein kleiner verirrter ökumenischer EG-Ketzer«, grinst er provozierend, »die Kunst stirbt uns unter den Händen. Dostojewski wußte noch, daß die Schönheit unmittelbar vom Heiligen Geist ergriffen ist, und erkannte darin das Geheimnis der Geschichte. Unverzichtbare, lebensnotwendige Schönheit.« Er sagt es mit trostlosen Augen, kein Übermut mehr, verzweifelt plötzlich, ganz hilflos.

»Und wo wäre unsere Schuld?«

»Laß uns nicht von Schuld reden, Belgier!«, flüstert er, während der übermächtigte schwarze Kopf des Gastpaters im Türrahmen erscheint und zur Ruhe mahnt, »viel dramatischere Dinge gehen vor. Ihr habt die Schönheit vor die Hunde gehen lassen, wir glaubten sie einsperren zu können. Ihr wollt nicht sehen, wir meinen, alles gesehen zu haben. So sind wir beide erblindet, es ist ein schlimmes Zeichen, wenn die Kunst das Licht verliert.«

Aber dann bläst Vater Germanos resolut die Öllampe aus. Es bleiben nur noch drei Stunden Schlaf.

»Feierabend, Feierabend«, so zischelt der Mönch entrüstet und verschwindet mit den klirrenden Tellern und Gläsern im Dunkel der Flure.

29. Aufgestiegen durch die Hölle

Über den Kirchplatz von Kavsokalivia weht ein milder Wind. Das Mondlicht spiegelt sich in den Pfützen. Überall liegen abgebrochene Zweige und Blüten am Boden, aber es ist, als wolle die Nacht noch vor Anbruch der Dämmerung mit dem Aufräumen beginnen. Totenstille, in der Ferne über dem Meer ziehen die schwarzen Wolken davon.

Das Erwachen eben war grausam. Schadenfroh blinzelte mir Germanos im Schein der Öllampe zu. »Tempo, Tempo.« Wie ein alter Mann tastete Dimitrios nach seiner Brille. Erst das eiskalte Wasser draußen auf dem Flur half aus dieser lähmenden Ohnmacht. Ich verfluchte unsere kunstsoziologischen Ergüsse der vergangenen Nacht und erst, als mir der Vater ein Täßchen *helleniko* unter die Nase hielt, begannen sich die Lebensgeister wieder zu regen. Aber es blieb keine Zeit zum Träumen. Wie ein besorgter Mannschaftsbetreuer eilte der Mönch hin und her. Auf einer Papierserviette kritzelte er den Verlauf des Pfades nach Hagi Anna und malte dort überall einen Totenkopf, wo wir uns nicht hinbegeben sollten. Er prüfte das Schuhwerk und half in den Rucksack. Wie die meisten Griechen, die ich unterwegs traf, kam auch Dimitrios mit einer einfachen Tragetasche aus.

Unser Gastgeber läuft noch einige Schritte mit und zeigt dann mit der Hand auf den Hang, immer geradeaus, immer höher. Neben uns schießt Bergwasser in ein Steinbecken. Dann ruft er uns noch etwas nach, die

Steine klicken schon unter den Füßen, ich verstehe nur »kyrios«, »geht mit Gott!« soll es wohl heißen, und ich empfinde zum ersten Mal echte Zuneigung für diesen immer etwas nervös wirkenden Mann in der verdreckten Kutte. Stets war er für uns zur Stelle, unaufdringlich, hilfsbereit, ein großes Herz in rauher Schale.

Bereits nach wenigen Minuten des Anstiegs muß ich einsehen, daß es aussichtslos ist, Dimitrios folgen zu wollen. Wie eine Gams steigt er über Stock und Stein, wartet immer wieder gnädig, bis ich mühsam herankeuche, aber so werden wir das Boot nie erreichen. Es bleiben gerade noch drei kurzbemessene Stunden, und so bitte ich ihn, nicht länger auf mich Rücksicht zu nehmen. Er lehnt das entrüstet ab, schon will er meinen Rucksack nehmen, und ich muß ganz energisch darum bitten, jetzt nicht länger zu zögern. Es hat keinen Sinn; wenigstens er hat die Chance, noch nach Hagi Anna zu kommen. Mein Vorschlag, dort zu versuchen, die Bootsleute aufzuhalten, läßt ihn einlenken, und schon zischt er ab zwischen den Felsblöcken.

Für mich wird es ein deprimierender Anstieg, eine einzige Qual. Jeder mühsame Schritt bestärkt auch die Gewißheit, daß die Überfahrt nach Panteleimonos, das Wiedersehen mit den Freunden und die festliche Osternacht im Russenkloster unerreichbar geworden sind. Diese Stunde zwischen Nacht und Tag, während oben im Berg das Licht schon zu spielen beginnt und über dem Meer der Mond wie eine blasse Kugel seine Bahn zieht, gerät zu einer Erfahrung der Erniedrigung. Wieder muß ich einhalten, neu Atem schöpfen. Ich ringe innerlich, setze meinen ganzen Widerstand gegen die Versuchung zur Apathie und das Fügen ins Unvermeidliche. Ein demütigender Kampf.

Später hat man sich gesorgt, daß ich diesen Steilpfad allein hinauf geklettert bin, es sei wiederholt vorgekommen, daß Wölfe eine Verletzung oder Schwäche zum Angriff genutzt hätten. Ich habe weder Wölfe noch sonst ein Tier gesehen, viel schlimmer schien mir, daß mich die riesigen Felsen und zerklüfteten Bergwände wie erschreckende Dämonen anstarrten, ihre scharfen Krallen nach mir ausstreckten oder mich von den entrückten Höhen herab verhöhnten.

Ich sah auf Kavsokalivia da unten am Meer und erkannte mich wieder in seinen Ikonen von der Höllenfahrt, die ja nicht nur, wie in den dämonischen Bezirken des Hieronymus Bosch, mit dem Folterwerkzeug feuriger Teufel drohen. Die Höllenfahrt-Ikonen treiben das böse Spiel viel weiter, denn sie erschrecken mit einer anderen negativen Qualität als nur dem körperlichem Schmerz. Ihre Satansfratzen jenseits des Grabes sind die Boten endgültiger Gottesferne, totaler Hoffnungslosigkeit. Der Mensch ist nur noch der Wolf des anderen, all sein Denken und Fühlen eine vergebliche Leier sinnloser Logik, tierischen Leidens. Schleppen wir diese Schreckensszenen mit wie Sumpfgestalten aus dem dunklen Teich des »kollektiven Unbewußten«, dem Sammelbecken menschlicher Urängste, unbewältigter Kinderpanik? Aber der Hochmut westlichen Fragens schmilzt sehr schnell dahin auf diesem Berg. Man wird ganz klein, ganz still.

So ist der Weg in der Dämmerung hinauf nach Kerasia, der unmittelbaren Grenze zur Athosgipfelregion, auch ein gequältes Nachdenken über den Karsamstag und die Totenstille des Grabes. Auch ein Nachdenken über das peinliche Schweigen, mit dem in unseren westlichen Kirchen das »triduum mortis«, das Geheimnis der Drei Tage, zunehmend bedacht wird. Aber es beginnt ja schon damit, daß unsere saturierte Spaßwelt Sterben und Tod überhaupt beiseiteschiebt und mit aufgeklärtem Lärm aus dem Bewußtsein verdrängt. Der

Tod ist häßlich und stinkt. Man möchte nicht gerne daran erinnert werden. Und im Angesicht des in die Hölle hinabsteigenden Christus verfällt auch die anpasserische Kirche in eine Pause liturgischer Sprachlosigkeit. Der Tag vor Ostern wird gestrichen.

Vor diesem Hintergrund tiefen Unbehagens erhalten die Visionen der 1967 verstorbenen Basler Ärztin und Mystikerin Adrienne von Speyr auch für die Höllenfahrt-Ikonen der Athosmönche zusätzlichen Informationswert. Hans Urs von Balthasar, einer der bedeutendsten Theologen unseres Jahrhunderts, der über siebenundzwanzig Jahre hinweg hörend, sehend und deutend in der Nähe dieser mystisch begabten Frau war, ist ein unverdächtiger Zeuge jener merkwürdigen Ereignisse, die seit 1941 Jahr für Jahr anläßlich der Kartage mit besonderer Intensität auftraten. Dem kritischen und universal gebildeten Theologen enthüllte sich dabei, wie er berichtet, »eine Landschaft des Leidens«, die vor allem vom frühen Abend des Karfreitags bis in die Morgenstunden des Ostertags tiefe, schwer nachzuvollziehende innere Abgründe aufriß. Das, was Adrienne von Speyr immer wieder in präzisen und gescheiten Schilderungen darüber berichtet hat, handelte von der gottlosen Realität der Hölle, die Christus nicht wie ein triumphierender Todesüberwinder durchschritt, sondern jenseits des Sterbens als einen ungeahnten Ort des Chaos erfuhr. Hier begegnet er dem gestaltlosen Grauen der von den Menschen getrennten Sünde, sozusagen eine Deponie des Bösen, eine Abfallmasse kosmischen Ausmaßes. Aller Unrat der Weltgeschichte hat sich in dieser Unterwelt wie in einem Riesensumpf angesammelt, dessen schlammigem Strom die Visionärin den seltsamen Namen »Effligien« gegeben hat: das Material der Dunkelheit, der Abschaum des Widergöttlichen. Adrienne von Speyr geht gar soweit, daß sie in dieser

Hölle ein »letztes Geheimnis des Schöpfers« zu erkennen glaubt, das der Sohn sich im Abstieg »experimen-
tell« aneignen, erwandern muß. Er steigt in das Absolute
der Tiefe hinab, bis in die untersten Räume, in die kein
Licht Gottes mehr dringt, wo Gott nicht mehr ist, weil
er die Freiheit des Menschen in Kauf genommen hat und
ihm einen für ihn unzugänglichen Ort gewährte, wohin
die Substanz seiner Sünde abfließen kann.

Hans Urs von Balthasar, der auch als ein großer
Kenner der griechischen Kirchenväter gilt, hat diese
Sicht als eine »in der gesamten Theologiegeschichte
einmalige Erfahrung« bezeichnet. Die Hölle sei somit in
»ihrer letzten Möglichkeit« ein Ereignis innerhalb der
Dreifaltigkeit. Am Karsamstag habe der Vater dem
Sohn dazu »den Schlüssel« übergeben. Dies rechtfertige
den »Überschwang der christlichen Hoffnung über die
Furcht« und gebe doch dem ganzen Problem einen »nie
gekannten Ernst«.

Demgegenüber sind die Athos-Ikonen von der Höllenfahrt trotz ihrer dunkelhäutigen Satansgestalten
optimistische Szenen vorverlegter Osterfreude. Der
Hinabstieg ist bereits eine Siegesfahrt. Engel legen den
Teufel in Ketten. Die Tore des Hades sind aufgerissen,
Christus zertritt sie, zieht Adam und Eva am Handgelenk aus ihren Gräbern. David, Jonas, Isaias, Jeremias
und die Propheten schauen beglückt zu. Johannes der
Vorläufer, diesmal mit Haupt, zeigt auf den Retter.

Diese Darstellungen orientieren sich an Berichten
aus den apokryphen Nikodemus- und Bartholomäus-
evangelien, die beide ein rauschendes Bild der Befreiung überliefern. Dem »Starken«, dem »Feind« wird ein
»Narrenkleid« angelegt. Nikodemus spricht von einem
»Hinabtrinken in den Bauch des Hades«, und Bartholo-
mäus schreibt überschwenglich: »Und ich trat ein und
ergriff ihn und schlug ihn mit hundert Schlägen und

band ihn mit unlöslichen Fesseln«. Szenen des Trium-
phes, die auch die Darstellungen der Kirchenväter be-
stimmen. Gregor von Nyssa schildert den Teufel als
»Lockspeise am Angelhaken«, Origenes benutzt das
Bild vom »Vogelnetz«, Augustinus spricht von der
»Mausefalle«, in die der Satan ging. Voller Poesie
schreibt Meliton von Sardes über »die Sonne des Anfangs, die auch den Toten im Hades schien«.

Im Protaton von Karyes sah ich dagegen ein viel
abgeklärteres Bild, jenseits von Chaosschlamm und Sie-
gesjubel. Es ist ein Fresko Panselinos aus dem 13. Jahrhundert, das einen sorglos schlafenden Jesusknaben
zeigt, eine Szene aus Jakobs Weissagungssprüchen: »Da
er sich niederlegte, ist er eingeschlafen wie ein Löwe,
wie ein junger Löwe; wer wird ihn erwecken?« Die Höllenfahrt als Erholungsreise eines jungen Gottes? Aber
die Geheime Offenbarung gibt der friedlichen Szene
die ernsthafte endzeitliche Dimension zurück: »Weine
nicht! Gesiegt hat der Löwe aus dem Stamm Juda, der
Sproß aus der Wurzel Davids; er kann das Buch und
seine sieben Siegel öffnen.«

Nach einem Anstieg von etwa fünfhundert Metern
führt der Bergpfad hinter einem schweren Felsbrocken
in ein Waldstück. Hier haben die Mönche ein kleines
Kreuz errichtet, dessen Inschrift ich nicht zu entziffern
vermag. Aber der Boden davor ist wie reingefegt, Blät-
ter, Dornen und Äste wurden säuberlich entfernt. In der
Mitte des so entstandenen Kreises liegt ein schwerer
Stein und darunter unverkennbar ein Fetzen von Vater
Germanos weißem Serviettenpapier. Mit blauem Filz-
stift steht darauf zu lesen: »Courage. Dimitrios«.

Überglücklich stecke ich diese Botschaft in meine
Tasche. Jetzt ist wieder Kraft und Mut da. Und befreit
von allen dunklen Höllenbildern, steige ich im ersten
Sonnenlicht des Karsamstags bergauf nach Kerasia.

30. »Anachoreten, gebirgauf verteilt...«

Wie Kristall träufelt Wasser in den Brunnen. Im hellen Grün der Kastanien spielt der Wind; es sind uralte, kräftige Stämme, die diesen Ort der Pause wie eine Nische schützen. Fingerkraut steht knallgelb am Wegrand, der Judasbaum treibt Blüten. Schwarze Maultiere, die in dieser Abgeschiedenheit ihren Durst stillten, ergreifen die Flucht: eine Spur Wildnis. Und so ist in dieser Morgenstunde nur ganz wenig, nur ein bißchen Licht auf den feuchten Steinen, das helle Blätterdach, ein Stück Himmel, verläßliches Blau, Waldboden, der Geruch der guten, alten Erde. Das ist alles. Man kann es nur unbeholfen Glück nennen oder Ankunft, vielleicht auch Heimat. Der nicht geographische Ort stiller Freude.

Kein Aufhebens mehr wegen der Wegstunden. Das ist die väterliche Seite des Berges, plötzliche Leichtigkeit, das Elementare. Nicht zu ermessen, nicht festzuhalten. Eine uralte Lektion, nur wenige Silben, immer dasselbe und doch so schwer. Etwas ganz Kostbares, Behütenswertes, empfindsam wie der Staub von Blüten.

Hier ist jetzt der Weg, der sich wie ein Kranz um die Berghöhe schlängelt. Ein Rundpfad, nahezu verführerisch. Unmittelbar darüber die königliche Wucht des Marmormassivs, die einsame Gipfelregion, Schneefelder – unten die Verwegenheit stürzender Wälder, die Felswände der Einsiedlerwüste, wie abgestützt von der blauen See. Hier und da Glitzern von Steindächern, das Kuppeldach einer Kapelle, kleine Mönchsbauernhöfe. Kerasia (Kirschbäume) und Karoulia (Zugwinde)

135

heißen diese Vorposten. Eine Siedlung ist dem heiligen Basilios geweiht. In Katounakia liegt das Danielion, eine nach seinem in Smyrna geborenen Gründer Daniel benannte Malergemeinschaft, ganz entrückt von der behaglichen Sicherheit der Großklöster und Waldhöfe, aber, wie man hört, eine stille Stätte voller Eifer und Gebet, zu der es immer mehr die Jungen zieht. So leben bereits verfallene Hesychiasterien wieder auf. Da versammelt sich ein Dutzend junger Männer um einen alten, weisen Vater. Das Leben ist von äußerster Kargheit, stundenlanges nächtliches Jesusgebet in der Zelle, gefolgt von der Liturgie bis in die Dämmerung, dann Waldarbeit, Malerei, ein Fastenessen und ein bißchen Schlaf. Jahraus, jahrein.

Manchmal wechseln solche Gemeinschaften wie auf ein Zeichen des Himmels ihren Standort, folgen hingebungsvoll dem geistlichen Vater an diesen oder jenen noch abgelegeneren Ort. In Hagios Artemios von Provata oder dem Kellion Hagios Nikolaos in der Nähe von Karyes trauten die letzten verbliebenen uralten, russischen Mönche ihren Augen nicht. Aber diese Rückkehr zu den Traditionen strenger Einfachheit liegt in der größeren göttlichen Ökonomie des Athos, ist diese in den vielen Jahrhunderten immer wieder einmal aufgetretene vitale Bewegung, die neue Hoffnung sprießen läßt, daß es mit dem Mönchtum auf dem Athos, dem »Stolz der Orthodoxie«, entgegen aller statistischen Rückschläge nicht zu Ende geht.

Noch lebende Einsiedler wie Joseph, Ephrem, Charalampos oder Sophronios haben in den abgeschiedenen Höhlen und Zellen dieser Region eine lange Zeit ihres Lebens verbracht. Von ihren Brüdern werden sie schon wie Heilige verehrt. Doch ist es erstaunlich, von Augenzeugen zu hören, wie unerbittlich diese Männer, deren Werk erste Früchte zu tragen beginnt, gekämpft und gelitten haben. Es sind keine süßlichen Szenen weltabgewandter Gottesschau, die da berichtet werden, eher knüppelharte Lebenserfahrungen, ein nahezu existentielles Ringen mit Versuchungen und Trugbildern, wobei selbst noch die Greise von der Heftigkeit zänkischer, nichts unversucht lassender Nachstellung belangt werden.

Der serbische Einsiedler Georgios verweist auf seine Krücken mit den Worten: »Damit helfe ich mir nachts. Der Teufel bringt die Müdigkeit, aber da muß man stehend kämpfen und rufen: Herr Jesus Christus.« Vater Athanasius bekennt illusionslos: »Und ich, seit meiner Jugend, wieviele Kämpfe, wieviele Versuchungen? Mit Hilfe der Allheiligen bin ich heute ein glücklicher Mensch, wie ein Kind von sechs Jahren. Aber der Teufel gibt sich nicht geschlagen, er greift immer wieder an. Die drei letzten Versuchungen des Beters sind der Schlaf, die Vergeßlichkeit und das Unwissen über das Heil. Mit Worten ist da nichts zu machen, nur Taten, nur Kampf, bis zum Schluß.«

Das große Ziel ist die *apatheia,* die Leidenschaftslosigkeit. Ein Ideal, das vom Satan mit erschreckenden Mitteln bekämpft wird. Die Lebensbeschreibungen der Wüstenväter, die hier in den Einsiedeleien zu Rate gezogen werden, bieten dabei nur den spröden Trost vorangegangener Meister in der Ilusionslosigkeit.

Evagrios, der bis drei Jahre vor seinem Tod von Verlockungen heimgesucht wurde, verbrachte zur Winterzeit eine ganze Nacht im eiskalten Wasser einer Zisterne. In einem anderen Fall blieb er vierzig Tage im Freien, um dem Dämon der Gotteslästerung zu widerstehen, so daß sein ganzer Körper wie der eines Tieres von Läusen überzogen war.

Als ich einen Einsiedler frage, ob das alles nicht zu weit in unmenschliche Selbstüberschätzung führe, antwortet er nur kurz, das sei eben der entscheidende Unterschied des Mönchtums zu Welt: er liege »in den gewaltigen Versuchungen«. Und mit Tränen in den Augen fügt er den für westliche Ohren gewagten Satz hinzu: »… nach der Erlösung gibt es keine Menschen mehr, sondern nur noch zum Gottsein Berufene.« Es soll wohl sagen: die größere Nähe zu Gott ist der größere Kampf.

So ist es kein heiteres Licht, sondern strenge nüchterne Klarheit, die über dieser Region liegt. Es ist ja auch die klassische Kulisse von Goethes Schlußszene aus »Faust II«, die heiligen Anachoreten »gebirgauf verteilt…«, eine Parabel sich erhöhender und ergänzender Entwicklungsstufen, die schon der hier oben heftig verehrte heilige Johannes Klimakus im Bild von der »Himmelsleiter« vermittelt hat. Dieser dem studierenden, forschenden und sich strebend bemühenden Doktor Faustus als Prototyp aufgeklärten deutschen Tatendrangs so paradox erscheinende Aufstieg im Absteigen, das Großwerden im Geringsein, das Aufleuchten im Verschwinden. Die dramatische Szene ist ja auch hier als Fresko in den Klöstern wiederholt festgehalten. Dreißig Sprossen zwischen Himmel und Erde, unten der finstere Hades, oben der Herr mit ausgestreckter Hand, dazwischen jedoch die Lebenszeit eines mühseligen Steigens und Stürzens, von Engeln getragen, von Dämonen gedrückt, die einen bereits im Rachen des Ungeheuers, die anderen himmelwärts und je höher der Aufstieg um so tiefer der Fall. Doch alle Anstrengung allein führt nicht ans ersehnte Ziel. Die höchste Stufe kann nicht verdient werden, sie wird »geschenkt«, »gewährt«. In einer »überwältigenden, gnadenhaften Lichterscheinung« reißt Gott den Mystiker empor. Doktor Faust hätte als Novize auf dem Berg Athos noch alles zu lernen. Es muß nicht unbedingt das sein, was Universitäten mitunter als »Theologie« bezeichnen.

31. Die Gärten von Hagi Anna

Ich muß befürchten, Simonos Karmiris aus Kavalla hält mich für einen bedeutenden Mediziner. Dabei hatte ich ihm nur geraten, als er mir in Vatopedi wegen Blasenbeschwerden sein Leid klagte, viel Wasser zu trinken und den Arzt in Karyes aufzusuchen. Als ich ihn später auf dem Schiff, das uns zur Lawra brachte, wiedersah, war er voll des Lobes wegen meiner Diagnose und stürmte wie Phönix aus der Asche den steilen Weg zur Klosterpforte empor. So traue ich meinen Augen nicht, als er mir jetzt, in der Einsamkeit oberhalb von Kerasia mit Tragetasche und Wanderstab entgegeneilt. Außer sich vor Freude küßt er mich und drückt mich an seine Brust. Simonos hat gerade zu einem Sechs-Stunden-Marsch angesetzt, so jung und unbeschwert habe er sich schon lange nicht mehr gefühlt. Wieder bedankt er sich wegen der urologischen Tips, auf der Heimfahrt müsse ich ihn besuchen, Kavalla lohne den Umweg, er will ein großes Fest vorbereiten. Schließlich kritzelte er mir für Hagi Anna in griechischen Lettern eine Empfehlung auf ein Stück Papier; der Diakonos Arsenios werde mich wie einen alten Freund empfangen. Noch ein Kuß, noch ein Händedruck und schon ist er wieder unterwegs, wie mit Siebenmeilenstiefeln sehe ich ihn im Kastanienwald verschwinden.

Der Weg hier oben, das ist fast eine Promenade. Schon glitzert die See der Westküste zwischen den Baumkronen, es geht vorbei am kleineren Athosgipfel, dem Karmel, der sich direkt über dem Kap erhebt, und

der Pfad erreicht dann jenen Knotenpunkt, der auf der
einen Seite hinunter zu den Einsiedeleien von Katounakia führt, aus deren Kaminen vereinzelt weißer Qualm
aufsteigt. Rechts geht es streng hinauf ins Hochgebirge,
der einzig mögliche Anstieg zum Athosgipfel, nur noch
Fels, gelb und grau in der unbarmherzigen Sonne. Vor
uns jedoch leuchtet majestätisch die Küste. Meeresfer-
ne und Landgrenze, ein weißer Brandungssaum, der
Bergrücken der Halbinsel wie ein Zeltdach geschwun-
gen, helles und dunkles Grün in geriffelten Flächen.
Waldweite, meerumspült, ein uraltes Bild, das jetzt
plötzlich Wirklichkeit wird, man kann es kaum fassen.
Wie Festungen die Klöster, ganz unten die verstreuten
weißen Häuschen von Hagi Anna, hinter einer Anhöhe
versteckt Hagios Pavlos, auf einem Felsklotz direkt über
dem Meer das Juwel Dionysiou und schließlich, ganz in
der Ferne und dennoch von der Wucht seiner Aufbau-
ten nichts einbüßend, Simonos Petras. Hier ist alle All-
täglichkeit zu Ende, blau und weiß das Meer, Wind
fährt sanft durch die Waldhöhen, die Klöster wie geheimnisvolle Pforten zum Paradies. Wohin man auch
schaut, eine einzige Herrlichkeit! Wir gehen Ostern entgegen. Es ist eine unvergeßliche Stunde.

Ich muß an Karmiris denken. Diese Herzlichkeit
und Solidarität einem Fremden gegenüber! Aber das ist
hier oben keineswegs die Ausnahme; sehr schnell bildet sich zwischen den Athoswanderern unterwegs auf
den Pfaden oder abends in den Gasthäusern der Klöster
so etwas wie Corpsgeist, da herrscht spontane Hilfsbe-
reitschaft. Vor allem unter den Routiniers, die seit Jahren immer wiederkehren, beginnt sofort der Austausch
von Geheimwissen. Es sind ja nicht selten echte Origi-
nale, die diesen Heiligen Berg in ihr Herz geschlossen
haben, eine multinationale Spezies von »Westflüchtlin-
gen«, die der rationalen Zwänge überdrüssig, neuen

Atem für die Seele suchen. Je echter dieser Drang ist, um so unromantischer wirkt er auch. Dann geht es um Glaubensnot und neue Einstellung zum Leben, um entscheidende Hinwendungen zum Geist oder gar um Sehnsucht nach Konversion zu einem intensiveren Christentum. Was sind das für Begegnungen; man hat sich nie im Leben gesehen und entdeckt plötzlich in wenigen Minuten denselben inneren Schmerz, denselben Wunsch. Ringsum ist Fremde und doch etwas geheimnisvoll Vertrautes. Da kann es passieren, daß man sich sehr schnell versteht.

Meist ist es dann auch keine Frage langer Gespräche, das Eigentliche liegt schon in den flüchtigen aber intensiven Gesten einer kurzen Begegnung. So stoße ich in den schwierigen Waldschluchten auf dem Weg nach Hagi Anna auf eine kleine Maultierkarawane: acht dunkle Tiere, deren Gebimmel aus der Tiefe heraufsteigt, schließlich der Reiter, ein junger Mönch, die Beine seitlich herunterbaumelnd. Die Augen ganz braun, ein langer, schwarzer Bart, das dichte Haar im Nacken geknotet. Er hat Lebensmittel für die Ostertage geladen und ist auf dem Weg zurück zu den Brüdern in Kerasia. »Keine Sorge, es ist nicht mehr weit«, lächelt er und wünscht ein schönes Fest. Dann noch ein kräftiger Klaps für das Tier, und der Troß setzt sich wieder in Bewegung. Lässiger Schaukel-Rhythmus bergan, die Tritte der Hufe im Steingeröll, noch aus der Ferne Geklingel der Glocken. Hat er etwa »viel« gesagt? Und doch war alles da, für das man dankbar sein mochte.

Hagi Anna liegt weißglänzend im Berghang. Ich habe vier Stunden gebraucht bis hier. Natürlich ist das Boot längst weg. Aber was soll's? Alles ist frisch und schön, ein Dörfchen an der äußersten Spitze der Westküste, überall kleine Mönchshöfe und Gärten, die wie eine riesige Treppe zum Meer hinabsteigen. Da ist viel

Ordnung, Hege und Pflege, so als möchte man sich unter Nachbarn an Mühsal gegenseitig überbieten. Es ist ja eine halsbrecherische Kunst, auf diesen schmalen Terrassen Gemüse und Obst zu ziehen, aber die lockere braune Erde wird immer wieder von Mauern abgestützt; dann jagt frisches Bergwasser durch die Holzkanäle, sprudelt in Felsenbecken, die den Überschuß munter weiterleiten zum Kollegen von nebenan. Salat, Bohnen, Artischocken, Paprika und Auberginen, dazwischen rankt frisches Weinlaub. Die Kirschbäume halten ihre kräftigen Äste schwindelfrei über den Abgrund.

Immer ganz links, den schmalen schwarzen Pfad entlang, ganz hinten am Bergrücken, so zeigt es mir ein alter Landarbeiter, da wohne der Diakonos Arsenios, gar nicht zu verfehlen meint er, und außerdem, es sei eine gute Adresse. In der Tat, nachdem ich dem struppigen Hans-Dampf-in-allen-Gassen den Empfehlungszettel überreiche, schießt er auch schon mit meinem Rucksack nach oben. Zuvor wischt er sich seine Zitronenfinger an der speckigen Schürze ab, schiebt mir einen wackligen Stuhl unter die schattigen Weinblätter und treibt einen ebenfalls in der Küche beschäftigten Freund zur Begrüßung nach draußen. Dann erteilt er neue Befehle, plötzlich hört man ihn im Treppenhaus lärmen, überall klappern seine Sandalen, die Türen schlagen, Möbel werden verschoben, und schon erscheint sein Kopf in einer Dachluke, er sei gleich wieder da, das Fest, das Fest, und schon läuten im weißgekälkten Kyriakon die Glocken zum Stundengebet.

Der unerwartete Besuch hat den guten Vater sichtlich durcheinander gebracht, er freut sich ganz ehrlich, will auch den besten Eindruck hinterlassen, und doch weiß er nicht recht, wo überhaupt anfangen. So steht er einen Moment fassungslos auf der Treppe, besinnt sich dann jedoch auf das Wesentliche, schon fliegt die

Küchenschürze in eine Ecke, und er wirft sich den schwarzen Gebetsmantel über. Ganz feierlich sieht er mich an, überlegt eine Sekunde und drückt mir schließlich einen schweren Hammer und einen Korb Walnüsse in die Hand. Grinsend, mit zahlreichen Verbeugungen begibt er sich auf den Weg zum Gottesdienst.

Und so kehrt Stille ein, die nur von meinen kurzen Hammerschlägen unterbrochen wird, mit denen ich die Nußschalen knacke. Das ganze Häuschen, die Terrasse, die Gärten scheinen mir hier anvertraut, kaum angekommen, gehöre ich schon zum Personal, und selbst die Katzen, die in der Sonne als Vorgeschmack auf die Feiertage die Fischgräten blank lecken, lassen sich von dem fremden Küchengehilfen nicht sonderlich stören.

32.

Vor Anbruch
der Osternacht

Die Zelle, die mir Arsenios zur Siesta zuteilt, klebt wie ein Nest an der Außenwand des Kellions. Eine Erweiterung, ein Provisorium, mit drei Schrägbalken über dem Abhang gestützt. Die Schritte hohl wie in einem Faß, der Platz neben der Holzpritsche reicht gerade zum Stehen, An- und Ausziehen bereitet Schwierigkeiten, eine schwarze Hose und ein schafwollenes Unterhemd, so wie es hier die Mönche tragen, baumeln an einem Nagel, an den kahlen Wänden kleben Heiligenbilder. Es riecht muffig, aber als ich mit einiger Mühe das kleine Fenster öffne, ist hier ein herrlicher Ausblick auf den Berghang, und diese notdürftig zusammengebastelte Enge wirkt wie ein freischwebender Vorposten im rauschenden Wald- und Gartengrün, ein Ausguck hoch im Mast zwischen blauem Himmel und blauem Meer. Vogelgezwitscher, Mittagshelle. Diese Spärlichkeit könnte reichen für ein großes Glück. Ich bin seit halb fünf auf den Beinen, jetzt kommt der Schlaf, das Bett ist wohltuend hart.

Alles in diesem verwinkelten Häuschen hat den Reiz des Uralten. Nicht so, daß sich hier gieriger Antiquariatstrieb austoben könnte – dazu wirkt dieses verbaute, zusammengezimmerte Material zu kümmerlich, es ist jeweils das Ärmlichste, eben noch ausreichend – aber es hat den Glanz des Abgenutzten und Bewährten. Die damit auskamen, haben es sich in langen einsamen Jahren ganz zu eigen gemacht. Von Mönch zu Mönch sind die Gewohnheiten weitergereicht worden, eine Infrastruktur des Minimalen, ganz ausgerichtet darauf, nur die Stille, die heilige, nicht zu stören.

In einem Zwischenraum stehen mächtige schwarze Fässer, reichlich Öl und Wein. Da ist der Trockenkasten für das Brot. Bohnen, Reis und Rosinen lagern in hohen Blechkanistern, unerreichbar für die Schliche der Katzen. Dahinter die Küche mit zwei Feuerstellen, sie würde mit ihren baumelnden Pfannen, Kessel und Geschirr jeder Hotellerie zur Ehre gereichen, nur eben unlackiert, chaotisch, eine verrauchte Stätte garstiger Männerwirtschaft. Und doch brutzelt es schon am Nachmittag in den Töpfen, süß und sauer, immer verführerisch südlich und jetzt, nach all den Anstrengungen, von lockender, züngelnder Kraft. Würde nicht ständig Arsenios wie ein Wächter diese fürs bevorstehende Fest bestimmten Deckel lüften und neue Portionen an Knoblauch, Tomaten und gartenfrischen Kräutern beifügen, es wäre rasch mit dem Widerstand geschehen. Aber er will ja auch gleich zum letzten Fastenessen rufen; sein schweigsamer Gehilfe ist bereits in den Beeten unterwegs, während er selbst sich wieder auf dieser Terrasse zu schaffen macht, wo sich zur Hausseite hin auch eine Schmiede und der Backofen befinden. Hier lagert hochgestapelt ein Sammelsurium von Kanistern, Töpfen, Werkzeug, Kannen, Leitern, Winterholz und Gestühl. »Sieh da!« ruft er strahlend und zeigt nicht ohne den Stolz des chronischen Tüftlers eine eigenhändig konstruierte Sonnenenergie-Anlage, die hier in diesem Museum verschrobener Häuslichkeit wie eine Faust aufs Auge wirkt. Aber Arsenios Ästhetik besteht nun einmal im radikal Praktischen; er hat es tatsächlich geschafft, diesen engen Raum mit Häuschen und Terrassenvorsprung zu einer optimalen Wohnanlage umzufunktionieren, wo es, wenn man tausend Handkniffe beherrscht, einfach an nichts fehlt.

Das Essen wird im Obergemach eingenommen, zu dem von der Küche eine schmale, steile Treppe hinaufführt. Der kleine runde Tisch ist schon gedeckt, da erschrecke ich, als plötzlich an der Rückseite des Raumes jemand laut aufstöhnt. Dort liegt zwischen hoch getürmten Kissen und verzogenen Decken auf einem Diwan dahingestreckt ein vom Tode gezeichneter Vater. Es ist, als fürchte er sich vor dem unbekannten Fremden, denn er hebt ängstlich, wie zum Schutz, eine knochige, weiße Hand. Die großen Augen starren mich an, die Lippen beben. Doch dann ist schon Arsenios an seiner Seite, redet laut auf ihn ein, sichtlich bemüht ihn zu beruhigen. Er bittet mich näher zu treten, es sei Vater Ephrem, dem er alles verdanke, mehr als vierzig Jahre führte er dieses Kellion, hochgeachtet von den Mönchen ringsum, geistlicher Vater zahlreicher Brüder auf dem ganzen Heiligen Berg, er habe ihnen alles gegeben, und nun nahe der Tod, aber er lasse auf sich warten, sechzehn Monate liege er nun schon hier, eine letzte harte Prüfung. Und dann schlägt er die Decke auf, und ich sehe gebannt auf diesen nackten Körper, ganz ausgemergelt, nur noch Haut und Knochen, das rechte Bein dunkel entstellt vom kalten Brand, zwischen den Beinen einen Blasenkatheder. Arsenios meint, er habe eine großartige Fastenzeit verbracht; es vergehe kein Tag, wo er nicht von seiner Tapferkeit lerne und während der Alte erschöpft in diese Kissengruft zurücksinkt, erscheint der Küchengehilfe mit den Karsamstagsspeisen: eine dunne Reissuppe, eine handvoll Salatblätter, eingelegte Gurken, Oliven, ein Krug Wasser. Vater Ephrem starrt mich noch immer an, die Pupillen ganz groß, an seinem Armgelenk baumelt die schwarze Gebetsschnur. Dann ruft Arsenios zu Tisch.

Einige befreundete Landarbeiter sind zu diesem letzten Fastenmahl vor der langen Osternacht erschienen, und jedesmal zucke ich zusammen, wenn sie dem Todkranken etwas zurufen. Aber sie sind besorgt, ihn in dieses karge Essen und Trinken mit einzubeziehen. Wir sitzen unmittelbar an seinem Lager, neben mir ragt sein dunkler, verkrusteter Fuß aus der Decke. Ich muß gestehen, daß es mich Mühe kostet, aber die anderen bedienen sich unbekümmert, sehr bemüht, das Gespräch mit dem Alten nicht abreißen zu lassen, so daß es mir schließlich hilft, auch zuzugreifen, mir nicht anmerken zu lassen, wie es mich packt und schüttelt.

Welch eine Stunde! Letzte Sonnenstrahlen stechen golden in die verstaubte Ärmlichkeit des Raumes. Wir sitzen auf niedrigen Schemeln. Der Tisch wackelt. Löcher und Schlitze in den Holzwänden sind notdürftig mit Lappen zugestopft. Am Boden bräunlich-gelbe Stapel alter Zeitungen. Unter der Couch die Urinflasche. Und wenn einmal Stille aufkommt, das hilflose Stöhnen des Vaters; aber dann sind sie auch schon wieder bei ihm. Er nimmt ein großes Salatblatt und zwei Schlücke Wasser. Jemand reicht ihm ein weißes Kätzchen, das sich in seiner Handmuschel einlullt. Und dann erzählen sie wieder, kräftig, männlich vom Wind und Wetter, so als sei alles wie immer.

Jetzt wird abgeräumt, und Arsenios beginnt, in den dunklen Teilen des Hauses, die Öllampen zu zünden. Als er zurückkehrt mit dem flackernden Docht, nimmt er mich beiseite und bittet darum, nicht zur Osternacht in die Kirche zu kommen, sondern bei Vater Ephrem zu bleiben. Die Männer schauen mich mißtrauisch an. Als ich jedoch nicke, leuchten ihre Augen ganz tief, und ich bin etwas stolz, die Ängste und Empfindlichkeiten vor dem Sterbenden zurückgestellt zu haben, so daß keiner von ihnen auf die große nächtliche Feier verzichten muß. Es ist, als wäre ich jetzt angenommen in ihrem Kreis.

33.

Zwei Worte
des Sterbenden

Die anbrechende Nacht hat schon den Glanz des bevorstehenden Festes. Vielleicht sieht man so etwas mit Kinderaugen, alles scheint würdevoller, als fügten sich auch die kleinen subtilen Ereignisse ringsum in die Natur der nahenden österlichen Gewalt. Von der Terrasse aus sehe ich die Väter aus allen Richtungen zur Kirche eilen, wehende, schwarze Silhouetten, ganz streng und feierlich. Aus den abgelegeneren Höfen und Eremitagen kommen sie auf Maultieren. Getrappel, Gebimmel durch das Halbdunkel. Der Wind ist mild, aber die See bleibt unruhig; drüben funkeln die Lichter von Sithonia, dem mittleren Finger der Chalkidiki-Halbinsel. Weit in der Ferne kreuzt noch ein Schiff, das Feuerlicht glitzert am schwarzen Horizont.

Der Anmarsch der Mönche hat etwas Entschlossenes. Bald sind es zwei Dutzend Maultiere, die drüben im Staub unter der alten Steineiche stehen, während die Väter mit den hohen Hüten im dunklen Bauch der Kirche verschwinden. Dann wird es still und erstmals empfinde ich dieses Alleinsein als Schmerz. Ich rede mir ein, daß es wohl verrückt ist, auf dem Athos die Osternacht außerhalb einer Kirche zu verbringen; die Freunde in Panteleimonos fallen mir ein. Wünsche, Begierden bedrängen mich wegzulaufen. Ohnmacht mischt sich darunter: wohin sollte ich denn weglaufen? Da sind nur steile Pfade hinauf in die Dunkelheit des Berges und unten klatscht das Meer unmißverständlich gegen die Felsen. Es gibt kein Entrinnen.

So gehe ich zerknirscht zurück durch die Gärten. Der Wind streicht durch die Silberäste der Ölbäume, Wasser plätschert vom Berg. Aber um ehrlich zu sein: im Grunde ist ein anderes Unbehagen. Je mehr ich mich dem weiß leuchtenden Häuschen nähere, desto mehr gestehe ich mir ein, daß ich mich vor dem sterbenden alten Ephrem oben in diesem schlimmen Zimmer fürchte. Ich will es nicht weiter verdrängen und horche ganz angespannt auf der Terrasse, wo sich die Katzen auf den noch warmen Steinen hingestreckt haben. Aber nichts rührt sich, es ist eine einzige prächtige Stille, nur mein Herz klopft, wehmütig, unruhig.

Dann steige ich durch die Küche hoch, noch immer bullert Arsenios Fischsuppe auf der Glut, aber der süßliche Geruch des Sterbezimmers ist stärker. Mondlicht fällt durch die Scheiben, der Tisch und die Schemel werfen lange Schatten. Ganz vorsichtig nähere ich mich dem Lager des Vaters. Regungslos liegt er in seinen Kissen, die Decke bis zum Hals gezogen, darüber der lange weiße Bart, der Mund halb geöffnet, ganz spärlich der Atem, aber ruhig, fast friedlich. Ich bin beschämt. Dieser Mann verdient alles andere als scheue Feigheit. Jetzt mit geschlossenen Augen ist er sogar schön, irgendwo spielt die Spur eines Lächelns, wie ein Kind. Keine Kummerfalten mehr, kein ängstlich flackernder Blick. Er ist weit weg, jenseits der Schmerzen.

Im Schein der kleinen Öllampe beginne ich zu lesen. Es sind die Texte dieser Nacht. Das Buch Genesis, der Prophet Jesaja, Jona im Fischbauch, das Buch der Könige, die Feuerofen-Jünglinge ... Es ist spät, aber ich wehre mich nicht mehr; ganz wach sitze ich ihm gegenüber.

Erst jetzt fällt mir auf, daß seine Hand seitlich aus der Bettdecke geglitten ist. Um das dünne Handgelenk baumelt noch immer die schwarze Gebetsschnur, aber er berührt die kleinen Wollknoten mit Daumen und Zeigefinger, mehr noch, er leitet sie unmerklich weiter, ganz langsam, nahezu zäh und schwer machen sie die Runde. Ich sehe zu ihm auf, doch er liegt immer noch regungslos, knabenhaft wie vor zwei Stunden. Nicht ein Jota hat sich an seiner Position geändert, nur die beiden Finger bewegen die Schnur. Und ich weiß, mit jedem Knoten und jedem langsam ausgehauchten Atemzug geht ein Herzschlag des Gebetes. Der friedlich schlafende Vater Ephrem betet, der Sterbende hat die Übung nicht aufgegeben, alle Nächte seines Lebens hat er diese letzte Kraft angesammelt, daß es jetzt, wo er nicht mehr kann, wie von alleine weiterkreist und er nur noch die Hand, zwei Finger hinzuhalten braucht. Ein ganz dünner Faden, durch den alles pulsiert.

Als ich neben ihm zusammengekauert erwache, ist am Himmel eine erste Spur Dämmerung. Er hat wieder gestöhnt und wir beide sehen uns erschrocken an. So wie Arsenios es am Abend vorgemacht hat, führe ich das Wasserglas an seinen Mund und er trinkt einige gierige Schlücke, dann fällt er in die Kissen zurück und starrt weit in die Ferne, müde, lebensmüde. Doch plötzlich ertönen draußen die Glocken, ein wildes Dröhnen und Klingen, dumpf und hell, immer wieder neu ansetzend, aufrüttelnd, Ostern bricht an. Ich sehe ihm in die traurigen Augen und mit einer unmerklichen Kopfbewegung gibt er mir zu verstehen, das Fenster zu öffnen.

Hereinströmt die Frische der sich neigenden Nacht, das Geläute kräftig und nah, man hört die Stimmen auf dem Vorplatz der Kirche; die Maultiere wiehern aufgeschreckt. Vater Ephrem öffnet weit den Mund, sein dunkler Blick hat mich ganz fixiert und ich verstehe, daß er sich müht, die Lippen zu bewegen. Als ich erneut zum Glas greifen will, schließt er abweisend die Augen und so nähere ich mich diesem abgekämpften, bleichen

Gesicht. Ich sehe die tiefen dunklen Ränder und die vi-
brierenden Adern im Weiß seiner Augen, er runzelt die
Stirn wie zu einer Kraftanstrengung, und mühsam bre-
chend kommt es leise aus seinem Mund: Christos anesti, der Herr ist auferstanden. Dann küsse ich ihm ganz
heftig die Hand.

Noch bevor Arsenios vom Gottesdienst heimkehrt,
habe ich meine sieben Sachen gepackt. Draußen leuchtet rosarot das Licht der Frühe. Immer noch bimmeln
irgendwo Glocken, hört man Fetzen von Jubelrufen. Ich
hinterlasse meinem Gastgeber meine Medikamente
und die Nachricht, daß alles gut sei. »Afchäristo. Dan-
keschön. Christos anesti.« Völlig unmöglich, jetzt an
der Festtafel beim Wein zu ermüden. Die vergangene
Nacht erfüllt ganz, jetzt will ich meine Freunde wiedersehen, möchte als erster aufs Schiff nach Dafni springen. Nichts kann mich mehr halten.

Steil geht der Steinpfad in die Tiefe. Arsenios Kellion ist schon nicht mehr zu erkennen. Ganz langsam
kommt die Sonne über den Berg. Aus den Häuschen der
Mönche schallt frohes, ausgelassenes Stimmengewirr.
Ganz weiß, unter einem strahlend blauen Himmel ragt
die Kirche von Hagi Anna oben auf dem Felssockel.

Und tatsächlich, ich bin der Erste unten im Hafen.
Das Meer stürzt sich in grünen, kräftigen Wellen gegen
den Landungssteg, ein machtvolles Klatschen gegen die
Ufermauern; alle Boote sind in Sicherheit gebracht. Gegen den Rucksack gelehnt, auf einem Teppich aus grobem Sackleinen, genieße ich das Warten, als hinter den
klotzigen Felsvorsprüngen unser Schiff auftaucht. Drei
Männer haben große Mühe festzumachen; immer wieder müssen sie ansetzen, bis es schließlich beim dritten
Anlauf gelingt. Körbe mit frischem Fisch werden abgeladen. Schon erscheinen Mönche aus der nächsten Umgebung. »Christos anesti«, tönt es herüber. Die Väter

tragen ärmliche Gewänder, einige kommen barfuß und holen sich ihre Ration. Stille, übernächtigte Gesichter und laute Rufe der rauhen, braungebrannten Seeleute. Doch plötzlich reißt ein Tau, und das Boot treibt aufs Meer zurück, einer der Männer kann noch aufspringen und läßt den Motor anspringen. Wieder neue Anläufe gegen die zänkische See. Und es gelingt noch einmal.

Dann ertönt das Zeichen zum Aufbruch. Zwischen der Schiffswand und dem Kai spritzt das Wasser. Rucksäcke fliegen an Bord, wer nicht springt, bleibt zurück. So kauern wir auf der tiefen Holzbank, den Rücken gegen die Bootswand gepreßt. Dann legen die Männer ab, das Meer rüttelt und schüttelt. Die Alten vor der Steuerkabine bekreuzigen sich dreimal. Über uns tanzt der Berghang von Hagi Anna. Vom Athosgipfel kommt mächtig die Sonne, feuchter Seewind bläst uns ins Gesicht. Noch einmal die weißen Häuschen, die Terrassen, die Gärten. Ganz oben irgendwo hinter den Ölbäumen liegt Vater Ephrem im Sterben. Es ist früher, strahlender Ostermorgen, das Meer braust und klatscht und schäumt. Dann bekreuzige auch ich mich, wie ein alter struppiger Grieche, der noch einmal davongekommen ist und nicht genug bekommen kann von diesem wilden Spiel der rauhen See.

Endlich haben wir genug Distanz zur Felsenküste. Darüber wiegen sich die Wälder im Morgenwind. Der Skipper im Bug steckt sich eine Zigarette in Brand und stößt seinem Kumpan aufmunternd in die Rippen. Dann geht's mit voller Kraft in Richtung Dafni.

Der Freund
34. der Sünderin

Hin und wieder berühren sich zufällig unsere Hände. Der junge Mönch Ioakim war im Hafen von Agios Pavlos an Bord gesprungen. Leichenblaß, verträumt, sitzt er jetzt neben mir. Über die Bordwand ist ein dikkes Seil gespannt, und wir sind froh, uns daran festhalten zu können, so schüttelt uns die See. Wie stolz er ist, denke ich, als er eine Bibel aus dem Leinensack holt und sich darin vertiefen will. Dann wird er wieder kräftig gegen mich gedrückt, aber erst als eine hohe Welle über die Bootswand klatscht und ihm das heilige Buch fast aus der Hand schlägt, besinnt er sich auf eine Erklärung.

Es sei sein Lieblingsevangelium, meinte er beschwichtigend, er lese es seit der Dämmerung immer wieder: Jesus und Maria Magdalena am leeren Grab. Ich antworte ihm, mein Lieblingstext stehe für den Abend bevor, die Begegnung mit den Jüngern von Emmaus, und so kommen wir langsam doch ins Gespräch. Der 21jährige Novize hat zu Hause auf Kreta seine Mutter und vier Schwestern zurückgelassen, alle weinend und händeringend. Um nichts in der Welt wollten sie den Benjamin ziehen lassen, aber so sehr er sie auch ins Herz geschlossen hat, das andere war stärker. So ließ er alles zurück, brach mit dem Tage der Volljährigkeit das verheißungsvoll begonnene Medizinstudium ab, nahm das Flugzeug nach Thessaloniki und warf sich bereits am nächsten Tag seinem Abt vor die Füße.

So möchte ich wissen, was denn ihn, der Mutter und Schwestern verließ, an einer Frau wie Maria Magdalena so fasziniert, und in die Blässe seiner Wangen steigt ein unverkennbares Rosarot. Wir haben uns verstanden. Ja, er möchte es nicht beschönigen, es sei die Sünderin. Ioakim gesteht, daß es dabei auch um ihn selbst geht, er spricht von einem schlimmen Schritt, von einem »demütigenden Erlebnis in Athen«, manchmal nachts in der Einsamkeit seiner Zelle verfolge ihn noch »dieses widerliche Kichern«.

Unser Schiff kann den Hafen von Dionysiou nicht anlaufen. Mehr als dreißig wartende Pilger bleiben zurück; mühsam drehen wir wieder ab. Immer wieder schwappt Wasser in den Pott, wir müssen noch näher zusammenrücken. Die Holzgalerien am Kloster werden erneuert und sind mit einem Spinngewebe von Eisengerüsten abgestützt. Hier oben habe ich vor vierzehn Jahren dem alten Abt Gavril das Empfehlungsschreiben von Pater Irenäus aus Chevetogne überreicht. Wie ein Seeräuber sah er mit seinem Fernrohr hinaus aufs Meer und brummte, es sei gut so, wir könnten bleiben, solange wir es wünschten. Die Lage des Klosters vom Meer aus ist wohl eines der stärksten Bilder, die dieser bilderkräftige Berg zu vergeben hat. Der Bergklotz und das Klostergenist, hohe, senkrechte Felsabstürze, darüber die Wucht der Türme und Kuppeln. Und dann die Hochwälder, die sich ins unwegsam Gipfelgebiet erstrecken. Man kann sich nicht satt daran sehen und der junge Ioakim meint, an unser Gespräch anknüpfend, diese Schönheit gebühre allein der Panagia, die Macht ihrer Reinheit sei so stark, daß sie sogar unseren Blick bekehre, dem keine Ausflucht ins Böse mehr bleibe. Nur noch Jubel für das Schöne.

Deshalb seien auch die Titel westlicher Athosbücher – »Der Berg ohne Frauen« oder »No woman's land« – sehr kurzsichtig. »Nichts wird verdrängt«, sagt er mit ernsthaften Stirnfalten, »die Muttergottes und die anderen Frauen gehörten zum engsten Kreis des Herrn, sie haben ihn ständig begleitet, ganz entscheidende Gespräche hat er mit Frauen geführt. Die kanäische Frau, die Samariterin, die Ehebrecherin. Vergessen sie das bitte nicht. Frauen harrten noch bei ihm aus, als alle Männer bereits weggelaufen waren. Frauen ist er zuerst erschienen.«

Und Maria Magdalena, will ich wissen. Sie sei die glaubwürdigste von allen, weil die am meisten Erniedrigte, bei ihr gebe es nichts mehr zu bemänteln. »Die zuviel liebte, hat den gefunden, den man nicht genug lieben kann«, sagt der junge Mann mit Kräuselbärtchen. Deshalb liest er immer wieder jene Verwechslungsszene mit dem Gärtner am leeren Grab: »Frau warum weinst du? Wen suchst du?« Sie aber erkennt ihn nicht. Und dann sein ergreifendes, befreiendes Wort: »Maria«. Und Sie: »Rabbuni«. Daraufhin seine mysteriöse Bitte: »Rühre mich nicht an.«

So kreuzen wir durch die aufgewühlte See vorbei an Grigoriou und Simonos Petras. Völlig unmöglich, noch einen Klosterhafen anzulaufen. An Bord ist es still geworden. Auch Ioakim schweigt, hockt jetzt im Lotussitz auf den nassen Planken. Ich mag ihn, seine ehrliche, irgendwie keusche Verehrung für die Schönheit der Frauen. Keine verstümmelte Zärtlichkeit. Eher die nüchterne Strenge der Maria von Ägypten, auch sie eine ehemalige Prostituierte, die in die Einsamkeit der Wüste ging und alles fand.

Die Berichte der Athosgendarmen sind voll von peinlich anmutenden Versuchen, das jahrtausendalte Frauenverbot zu unterlaufen. Zeitweise entwickelte sich dies zu einer kuriosen Sportart westlicher Damen, deren Ehrgeiz darin bestand, sich von einer Segelyacht in die Nähe abgelegener Buchten und Strände bringen zu lassen, um hier triumphierend im Bikini das

Mönchsland zu betreten. An der Athosgrenze bei Fran-
kokastron müssen in den Sommermonaten sogar Soldaten eingesetzt werden, um den Eifer der Touristinnen
in Zaum zu halten. Den strengen Röntgenblick der Po-
lizei haben auch wir zu bestehen, als unser Schiff endlich im Hafen von Dafni festmacht. Es ist noch keine
zehn Uhr am Ostermorgen, und gerade hier, wo weder
Klöster noch Mönchshäuser stehen, sondern ein liebli-
cher Mittelmeerhafen in der Frühlingssonne glitzert,
hätte man sich jetzt auf den umliegenden Terrassen, in
den kleinen Tavernen eine Spur fraulicher Gastlichkeit
gewünscht. Ein österliches Frühstück, ein heißer *helleniko,* das Lächeln einer Kellnerin könnten nach dieser
rauhen Überfahrt nicht schaden. Aber hier wirbt kein
Verkehrsamt, es werden auch keine Bademoden oder
Liegestühle angeboten. Der herrliche Strand ist menschenleer, das Wirtshaus verschlossen und vergammelt.

So warte ich nicht länger auf den Liebreiz fraulicher
Bedienung. Der Pfad führt direkt am Meer vorbei und
gehört zu den schönsten Wanderungen, die der Athos
zu schenken vermag. Mohn und Margeriten, Ginster,
Oleander und Fingerkraut blühen in verschwenderi-
scher Fülle. Hindurch fährt der milde Südwind. Umgestürzte alte Bäume sind zu umklettern, ins peitschende
Meer mündende Bäche zu überqueren. Alles im wilden
Duft des Frühlings – kein Osterspaziergang kann stärker sein als dieser verwachsene Dornröschenweg zum
Rossikon.

Ich denke an Ioakim und die Überfahrt von Hagi
Anna. Ich denke an die Freunde, an das Wiedersehen.
Mein Herz ist voller Freude. Keine Mädchen in den
Kneipen von Dafni. Was soll's? Vielleicht erwarten mich
in Panteleimonos die österliche Jungfrau und alle heili-
gen Frauen des alten Rußlands.

35. Die Kuppelkreuze des Rossikons

Die Athosreiseführer raten aus einsichtigen Gründen meist davon ab, den kleinen Küstenpfad von Dafni nach Panteleimonos zu nehmen. Mir fällt es schwer, ihn überhaupt zu finden, denn dort, wo sich die Straße nach Karyes hinaufschlängelt, hat der Wind den Wegweiser umgefegt. Es kostet einige Mühe, wieder den Anschluß zu schaffen, und tatsächlich ist unterwegs so manche Stelle zugewachsen und verwildert. Je mehr man sich dem Russenkloster nähert, führt der buschige Küstensaum in einen immer dunkler werdenden Wald. Uralte Steineichen und Kastanienbäume umschließen den Klosterbezirk, in dessen Unterholz Stachelsträucher und Schlingpflanzen ein dichtes, grünes Netz spannen. Manchmal muß man sich förmlich vorwärts tasten, doch dann taucht der Pfad wieder auf, eine Trockenstelle, oder die hilfreichen, glatt getretenen Pflastersteine geben ihn wieder preis. Wer etwas vom Phänomen Panteleimonos, seinem historischen Schicksal verstehen will, sollte dieser Wanderung nicht ausweichen. Der alte Weg ist der einzig richtige Einstieg. Man ist es der erschütternden Geschichte, die sich hier im Laufe eines Jahrhunderts abgespielt hat, einfach schuldig, sich von den Hindernissen die Arme und Beine zerkratzen zu lassen. Die rätselhafte Stille, die sich um diese Stätte gelegt hat, sie muß durchschnitten und ermessen werden. Dann erst kann sich das ganz andere, das immer noch präsent ist, öffnen und mitteilen. Ich erschrecke, als ich über verwachsene Gräben und zerfallene Mauern den Klosterbereich betrete. Neben mir erheben sich riesige, fabrikartige Ruinen, aber der Wald fegt hindurch. Kräftige Zypressen und Farngebüsche stehen zwischen den hohen Wänden. Efeu klettert in dicken Schwüngen durch die Fenster. Der Zerfall scheint von der Gefräßigkeit des Grüns überwuchert, wie eine letzte kleine Gunst, ein diskreter Liebesdienst der Natur, die sich verschwiegen über die Wunden legt.

Es fällt schwer, sich inmitten dieses feierlichen Chaos zu orientieren. Wohin man auch blickt: pathetischer Niedergang. Durch die ehemaligen Arbeiterhäuser bläst der Wind. Verrostete Maschinen, Werkzeuge stehen in den Hallen. Man ahnt noch, dies hier könnte ein kleines industrielles Zentrum gewesen sein; die Ausmaße erschrecken immer noch, aber Fingerhut, Löwenzahn und Feldblumen haben ihren barmherzigen Glanz darüber gebreitet. Ich rufe laut, doch nur die Vögel zwitschern im dichten Geäst, und vor den Mauern rauscht das Meer.

So erreiche ich unbehelligt den großen Innenhof, auf dem ein alter russischer Lastwagen wie ein Museumsstück aus der Zeit der industriellen Revolution verloren in der Sonne steht. Eine große, von Zypressen und Laternen frankierte Freitreppe führt zu den Propyläen. Zu beiden Seiten der grünen Pforte überdachte Sitzbänke. Im Bogengang flackert vor der Ikone des Großmärtyrers Panteleimon eine Kerze. Der dunkle Gang führt zu einem weiteren Innenhof, der von wuchtigen, überdimensionalen Gebäuden umstellt ist. In der Mitte das Katholikon mit acht gelben Kuppelkreuzen, ihm gegenüber wie ein klotziger Kremlwächter der Glockenturm, dessen Prachtstück, zwölf Tonnen schwer, den ganzen heiligen Berg zu erschüttern vermag. Dann die Trapeza und an der Nordfront ein sechsstöckiges Riesengebäude, ebenfalls mit Kuppeln bestückt. Hunderte kleine Zellenfenster glänzen in der Mittagssonne. Aber sie sind leer, unbewohnt.

Ja, der Photographos sei hier, antworten mir einige alte Männer, die auf einer Bank im Schatten lungern, man erwarte mich schon sehnsüchtig. Und so sehen wir uns wieder, der russisch parlierende Alexis Hadsis, umgeben von stämmigen Mönchen, und schließlich der verstörte Couven, der sich gesorgt hatte und mich nun wie einen verlorenen Sohn in seine Arme nimmt. Es ist eine stürmische Begrüßung, »Christos voskresse« jubeln die Russen, die sich einfach mitfreuen, mir in radebrechendem Deutsch Gebete herunterrasseln und den Weg zur Trapeza bahnen. Alexis stellt mir seinen Freund Vater Sergej vor, einen kleinen wohlgenährten Mönch, mit blassem Gesicht und gütigen Augen. Ich sage ihm gleich, wie glücklich ich bin, endlich im Kloster des heiligen Starez Siluan angekommen zu sein. Flugs antwortet er zustimmend: »Ich zeige ihnen gleich seinen heiligen Kopf« und zeigt mit dem Finger zu einer Kapelle oben im Zellentrakt. Aber zuerst gilt es zu feiern, zu essen, zu trinken.

So bereitet man dem Spätankömmling die österliche Ehre, ausschließlich für ihn in einer einst achthundert Mönche fassenden, mit Paradies- und Höllenszenen ausgemalten Trapeza das Festmahl aufzutischen. Nach den Entsagungen der letzten Tage eine kulinarische östliche Großoffensive. zunächst Borlsch mit Sahne, dann Fisch in einer wunderbaren Thymiansauce, alles in Hülle und Fülle. Es gibt schweren, kühlen Rotwein, und ich muß gleich drei Gläser leer trinken. Der blonde Küchenbruder schleppt Schafskäse, Süßbrot und einen Kuchen heran. Immer wieder gilt es zwischendurch, die dunkelrot gefärbten Ostereier zu köpfen. Ich möchte abwehren, Danke sagen, aber nein, doch nicht zu Ostern! Langsamer essen, Väterchen!

161

Zwischendurch mal einen georgischen Cognac genießen. Drückt der Magen? Dann bitte noch einen. »Christos voskresse«, winkt der Spülgehilfe und möchte
auch anstoßen. Die Gläser klingen, sie lachen zähne-
fletschend, sie küssen mich, ich küsse sie auch und
noch einen Krug und noch ein Prosit, und so torkeln
wir schließlich vorbei an den Satansfratzen und Märty-
rergestalten ins Freie. Der Klosterhof liegt in der Son-
nenglut. Weit und breit keine Menschenseele. Es geht
zurück über den großen Freiplatz mit dem Lastwagen
ins alte Gästehaus direkt am Meer. Wir schlagen ein
Kreuzzeichen und lassen die neuen Kremlherren hoch-
leben...

Zur Jahrhundertwende wurden hier noch Tausende
Pilger beherbergt, jetzt ist das riesige Gebäude mit den
fünf Stockwerken durch einen Großbrand zur Hälfte
zerstört. Die langen Steingänge führen ins Bodenlose.
Die Schritte des gestiefelten Gastpaters knallen auf den
Fliesen, ein Hündchen kläfft hinter ihm her, Katzen
schnurren auf einem Diwan. Alles schallt wie in heftigen Träumen.

»Sir«, so redet er mich an, der kleine schmächtige
Mann mit dem langen, grauen Zwirbelbart. Ein wach-
samer, trauriger Blick hinter den Brillengläsern. An der
Wand über den Empfangsbänken hängen Ölgemälde
vom alten Hafen des Rossikons, gleich vier Dampf-
schiffe liegen vor Anker, daneben Fürstenporträts und
ein frommes Bild vom Sturm auf dem Meere. Hier unten, an diesem Knotenpunkt der kilometerlangen Gänge des Gastreviers, ist das Reich von Vater Vladimir.
Verzweifelt hat er sich bemüht, dieser Kasernennische
einen Hauch Wohnlichkeit abzugewinnen. Kerzenge-
rade durchschreitet er seine Flure. Eine schwarze Kopf-
bedeckung, die er tief in die Stirn gezogen hat, eine
wamsartige Weste, die Reiterhose und Kosakenstiefel.

Die Zigarette im Mundwinkel bestätigt spätestens
jetzt, daß er seine eigenen Vorstellungen von mönchischer Gastlichkeit hegt. Es ist keineswegs so, als ob er
sich dem allgemeinen Verfall ringsum resignierend angeschlossen hätte – im Gegenteil, er geht hindurch in
selbstbewußter Würde.

Dort, wo 1914 noch zweitausend russische Mönche das größte Athoskloster bevölkerten, wo die Schiffe aus Odessa, Palästina und Konstantinopel anlegten,
wo die Großfürsten und männlichen Mitglieder der Zarenfamilie ein und aus gingen, die Kirchen und Kapellen
nur so trieften von den Gold- und Silbergeschenken aus
St. Petersburg, der Moldau und der Walachei, wo Tag
und Nacht in Russisch und Griechisch vor den Ikonen-
wänden die Stundengebete weihrauchumwölkt em-
porstiegen, wirkt Vater Vladimir, wie ein unerschütterlicher Nachlaßverwalter der alten Herrlichkeit. Der
Schmerz über die hier niedergegangenen Katastrophen
hat ihn schwer getroffen, aber nicht umgehauen. Illusionslos stiefelt er über die Steingänge. Die Zigarette,
die Katzen und der Hund. Wir sollen ihn noch kennen-
lernen. Die Melancholie ist eines, aber russische Ostern
sind etwas ganz anderes.

36. Eine grandiose Verirrung

Als Vater Sergej mir die alten Fotos zeigt, runzelt er nachdenklich die Stirn. Bilder von Begräbnissen oder Totenaufbahrungen haben immer etwas Makaberes, aber die Aufnahmen von den Abtbeerdigungen in Panteleimonos beeindrucken obendrein aus anderen Gründen, denn sie lassen auf einen Blick die eigentlichen Ausmaße dieser überbevölkerten Klosterstadt erkennen. Hundertschaften von schwarzen Mönchen begleiten das große Tragkreuz, Hundertschaften umgeben den offenen Sarg, Hundertschaften folgen ihm, Hundertschaften beobachten das dunkle Schauspiel von den Terrassen und Balkonen. Es sind erschreckende Szenen, zweitausend Mönche in einem Kloster, irgendwie ist dies auch ein Krankheitsbild, es zeigt eine Fehlentwicklung.

Doch es sei nicht nur das, meint Sergej traurig, schlimmer, tragischer für das Rossikon sei wohl jener atemberaubende Rückschlag, der all die statistischen Rekorde und Höhepunkte bereits im frühen 20. Jahrhundert in einen verhangnisvollen, durch nichts aufzuhaltenden Niedergang stürzte. Dieses Auf und Ab, die Auswuchse des Aufschwungs und die Demütigungen des Abstiegs lasten schwer auf Rußland; selbst Atheisten in der Kreml-Nomenklatura hätte es mit kaltem Entsetzen erfüllt. Es ist, als fänden hier handgreifliche apokalyptische Szenen statt, ein Weltgericht heilsgeschichtlichen Ausmaßes, das jenes »erwählte Volk« der russischen Orthodoxie ins Knochenmark getroffen hat.

Dabei geht die Präsenz der Russen auf dem Athos bis auf die Gründerzeit von Athanasius zurück. Sie beginnt mit der großen Gestalt des heiligen Antonij Petscherkskij, der, bevor er in Kiew das berühmte Höhlenkloster gründete, als Einsiedler in einer Grotte bei Esphigmenou lebte. Im Jahre 1142 wird erstmals auch ein russisches Kloster der Theotokos in Xylourgou erwähnt, das sich jedoch bald schon als zu klein erwies, so daß die Heilige Gemeinschaft in Karyes den Mönchen eine größere, dem Märtyrer Panteleimon geweihte Anlage überließ. Nach einem wechselvollen Hin und Her von Plünderungen, Brandschatzung, fürstlichem Schutz und kaiserlicher Gunst, siedelten die Mönche gegen 1765 in das neuerbaute Panteleimonos-Kloster an der Westküste bei Dafni über, dorthin, wo es sich heute noch befindet. Der steinreiche Moldauregent, Skarlatos Kallimachos, finanzierte dieses Unternehmen, wobei zum damaligen Zeitpunkt die Gemeinschaft lediglich aus einem Dutzend griechischer Mönche bestand, während das Kloster jedoch den Namen Rossikon beibehielt.

Nachdem Panteleimonos in den zwanziger Jahren des 19. Jahrhunderts stark unter der türkischen Besatzung zu leiden hatte und zeitweise völlig leer lag, waren es 1834 bei den Juden von Thessaloniki mit 800 000 Piastern verschuldete griechische Mönche, die jetzt zahlungsfähige Russen einluden, in ihr ehemaliges Kloster zurückzukehren. Bald waren die Schulden abgetragen, die alten Ländereien wieder aufgekauft und es begann ein rasanter Aufstieg der russischen Athoskolonie: 1852 waren es bereits 80 Russenmönche, die in Panteleimonos lebten, 1874 stieg die Zahl auf 300 gegenüber 200 Griechen, 1887 überstiegen die Russen die Tausendgrenze, zur Jahrhundertwende waren es bereits 2000. Das konnte nicht gut gehen.

Zum ersten Mal trat in der langen Geschichte des Athos ein ethnisches Problem gravierend in den Mittelpunkt. Dabei spielten zunächst die internen Differenzen zwischen Groß- und Kleinrussen sowie die enormen finanziellen Möglichkeiten des russischen Adels eine wichtige Rolle. Da lieferte man sich zwischen den Panteleimonos-Mönchen und den Brüdern der Skite des Propheten Elias erbitterte provinzielle Auseinandersetzungen. Da tauchten plötzlich russische Äbte aus der Heimat auf, so etwa Stefan von Astrakhan, der mit Unterstützung des türkischen Sultans und des Patriarchen von Konstantinopel ganze Klöster aufkaufen wollte.

Als 1866 die Russen in Panteleimonos durchsetzten, daß während der Mahlzeiten die Lesung in der Trapeza jeden zweiten Tag in ihrer Sprache gehalten wurde, sabotierte dies sofort die mißtrauische griechische Minderheit. Der Streit eskalierte, als 1870 der griechische Abt Gerassimos den Russen Makarius zu seinem Nachfolger bestimmte, die Heilige Gemeinschaft der Athosmönche in Karyes diese Entscheidung jedoch annullierte und festlegte, der Abt von Panteleimonos müsse immer ein Grieche sein. Dagegen wiederum legten die Russen beim Patriarchen Joachim II. in Konstantinopel Protest ein. Als Gerassimos 1875 starb, waren die Russen bereits mit 400 Mönchen gegenüber 180 Griechen in der Mehrheit und wählten in Anwesenheit einer Delegation der Heiligen Gemeinschaft Makarius zum neuen Abt. Ein Ereignis, das in der gesamten orthodoxen Welt zu erregten Debatten führte, bis schließlich der Patriarch festlegte, daß Russen und Griechen auf dem Athos die gleichen Rechte hätten.

Innerhalb weniger Jahre wurde jetzt in Panteleimonos eine Empfangsinfrastruktur aufgerichtet, die es erlaubte, bis zu 2000 Pilger aufzunehmen. Die russischen Schiffe, die vom Heiligen Land heimkehrten, liefen im-

167

mer auch den Athos an. Bald besaß Panteleimonos eigene Schiffe, die von Seemönchen gesteuert wurden. Der Heilige Berg faszinierte das einfache russische Volk. Zahlreiche Pilger kehrten erst gar nicht mehr in die Heimat zurück, blieben als Novizen in Panteleimonos. Manche familiären oder finanziellen Schwierigkeiten lösten sich somit von selbst.

Neben den Pilgern kamen jedoch auch die Notabeln, an ihrer Spitze 1845 der Großprinz Konstantin Nicolaevic, gefolgt vom russischen Gesandten in Konstantinopel, der in Begleitung des berühmten Kenners des christlichen Orients, Prof. Muravjev, anreiste. Schließlich waren es weitere Großfürsten, die in Panteleimonos an Land gingen, denen 1881 gar die Großfürstin Alexandra Petrovna folgen wollte, der man allerdings in Karyes das Betreten des Athos verweigerte.

Diese hohen Besuche brachten nicht nur Ansehen und eine ständige Steigerung des Nationalbewußtseins der russischen Mönche, die sich als einzige auf dem Balkan frei und unabhängig von türkischer Kontrolle wähnten, sie verbesserten auch stets die ohnehin komfortable klösterliche Situation.

Bereits 1843 hatte Zar Nikolaus I. dem Rossikon eine bedeutende Geldsumme zukommen lassen und es den Mönchen gestattet, alle drei Jahre in Rußland Kollekten abzuhalten, so daß Panteleimonos rasch zum reichsten Athoskloster avancierte. Die Mönche besaßen umfangreiche Ländereien und Landsitze, sogenannte Metochien, auf dem griechischen Festland, in Rußland und der Türkei, die von 260 Mönchen betreut wurden. Weiter gab es auf dem Athos die russischen Dependenzen Chromitsa, Nea Thebais sowie das alte Palaiomonasterion mit insgesamt 555 Mönchen. Es war eine große Zeit. Aber war es nicht auch eine grandiose Verirrung?

37. Waffen auf dem Heiligen Berg?

Ein altes Personalregister aus dem Rossikon des Jahres 1904 weist nach, daß die Gemeinschaft damals fast 2000 Mönche zählte, von denen 1150 dem Hauptkloster angehörten, während sich der Rest auf die Dependenzen, Metochien, die Gast- und Ausweichklöster in Konstantinopel und im Kaukasus verteilte. Zu diesem Zeitpunkt sah der Arbeitsplan folgende Einteilung vor: es gab 153 Weinbauern, fünf Paramentenhersteller, sieben Mönche betreuten das Öllager, fünf die Kleiderkammer, vier waren Fischer, zwei horteten die Zwiebeln, acht schafften an den Weinfässern, zwölf waren Bäcker, 21 Anstreicher, vier Buchbinder, 18 kümmerten sich um die Maultierställe. Es gab ferner ein Verlagsbüro, eine Gerberei, ein Kohlen- und Petroleumlager, eine Weizenkammer, eine Räucherkammer, eine Schmiede, eine Gießerei, eine Druckerei, eine Schreinerei, eine Reparaturwerkstatt, eine Schneiderei, eine Schuhmacherei, alle mit beachtlichem Personalbestand. Ganz zu schweigen von den zahlreichen Sekretären, Bibliothekaren, Küstern, Glöcknern, Erzpriestern, Priestern, Diakonen und Lektoren, die zum traditionellen Klosterbetrieb gehörten. Obendrein gab es selbstverständlich Gärtner, Ärzte, Zahnärzte, Krankenpfleger, Pförtner, Ikonenmaler, Graveure, Uhrmacher, Apotheker und Photographen. Die ständigen Schiffslinien nach Odessa und Konstantinopel wurden von 63 Seemönchen betreut. Unverzichtbar auch drei Gastväter, zwölf Köche und schließlich die zwei Totengräber.

Panteleimonos, das war eine kleine russische Stadt auf fremdem Boden, die sich dank des unaufhaltsamen Nachschubs an Mönchen, Pilgern und Spenden über dem gesamten Athos wie ein Ölfleck ausbreitete. Wer von den Griechen, Serben, Bulgaren oder Rumänen wollte sich ihnen ernsthaft in den Weg stellen. 1903 hatten 3496 Russenmönche den Rest der gesamten Athosgemeinschaft um 220 übertroffen; mehr als die Hälfte war fest in russischer Hand.

Kein Wunder also, daß am Hof des Zaren im fernen St. Petersburg diese Entwicklung zunächst viel Unterstützung fand. Die bis zum heutigen Tag in der Klosterbibliothek sorgsam gehüteten Fotoalben vermitteln dann auch das Bild einer illustren Galerie; Fürsten, Diplomaten und hohe Militärs posieren da ordenbestückt mit den würdevollen Äbten. Der 1968 abgebrannte ehemalige Empfangssalon erinnerte folglich mehr an ein mondänes Gesandtschaftsfoyer als eine Stätte karger klösterlicher Gastlichkeit. War das noch der alte Athos, der Athos der Einsamkeit und Herzensstille?

Nachdem bereits die ehemals meisterliche Ikonenkunst in den Sog rührseliger italienischer Vorbilder des 18. Jahrhunderts geriet, sprengte bald auch die wildwuchernde Monumentalarchitektur den strengen Rahmen der traditionellen Athosklöster, die wie Festungen die Mitte von Katholikon und Trapeza umschließen. Die nachdrängenden Massen und Bedürfnisse ließen Panteleimonos buchstäblich aus den Fugen geraten. Riesige Werkstätten, Lagerhallen, Gäste-, Kranken- und Altenhäuser, Unterkirchen, Nebenkapellen, Pilgerheime und Hafenanlagen wucherten die Ränder der alten Anlage hinaus.

Es war wohl mehr als ein böswilliger Verdacht, der bald diesem massiven russischen Zugriff auch politisch-strategische Absichten unterstellte. Der großzügige Hafen, der gar Dampfschiffen Platz und Schutz bot, sowie der öde Kasernenstil zahlreicher Bauten bestärkten die Vermutungen, daß sich hier der Zar im sicheren Schutz frommer Beter eine unheimliche Militärbasis für expansive Operationen in der Ägäis aufbauen wollte. Die sprunghafte Mönchsflut aus Rußland förderte auch die Befürchtung, daß sich so mancher Soldat klammheimlich der anonymen Mönchsmasse angeschlossen habe und während der Nachtgebete auf das Codewort der Drahtzieher warte...

Bei einer türkischen Razzia waren 1881 immerhin auf dem gesamten Athosgebiet rund 450 Feuerwaffen beschlagnahmt worden, wobei die frommen Väter Jagd und Verteidigungsbereitschaft als Erklärung anführten.

Die dubiose Wucherung der russischen Klosterstadt mit ihrer nationalstolzen Masse an Mönchen und Möglichkeiten machte jetzt die Fehlentwicklungen einer geistigen Inzestsituation sichtbar. So wurde das Rossikon in den Jahren vor Ausbruch des Ersten Weltkrieges von der sogenannten »Imjaslavcy-Häresie« heimgesucht. Die von Mönchsvater Antonios verbreitete Doktrin betraf den Namen Jesus und bescheinigte den fünf Buchstaben des Wortes »Iisus« die Essenz der Heiligkeit. Der starken Anhängerschaft in der russischen Skite des heiligen Andreas schlossen sich bald auch im großen Küstenkloster zahlreiche Eiferer an, die einen verheerenden Einfluß in der Gemeinschaft ausübten. Die Situation war so brisant, daß sich die Regierung in St. Petersburg zum Eingreifen veranlaßt sah und noch vor Ausbruch des Krieges ein Truppenkontingent nach Panteleimonos entsandte, das rund 500 Anhänger der kuriosen Irrlehre zwangsweise nach Rußland zurückschickte. Diesem ersten Aderlaß folgte bald die Einberufung von 450 Mönchen in die russische Armee, die bei Kriegsausbruch 1914 vorwiegend in Nordgriechenland eingesetzt wurden. Mit den Schüssen von Sarajewo blieben schlagartig die Novizen, die Pilger, aber auch Spenden und Almosen aus. Innerhalb weniger Monate hatte die Gemeinschaft wegen der Antonioshäresie und dem Krieg fast 1000 Mitglieder verloren.

Aber es war nur der zaghafte Anbruch einer viel größeren, existentiellen Katastrophe. Die begann mit dem finanziellen Desaster einer Schuldenlast von mehr als einer Million Golddrachmen, nachdem alle Bankguthaben, Ländereien und Besitztümer des Rossikons von den kriegsführenden Staaten auf dem Balkan beschlagnahmt oder enteignet worden waren.

Diesem Schlag folgte eine rapide Dezimierung der einst stolzen Klosterpopulation. Die durch Krieg und Tod verödeten Plätze konnten nicht mehr neu besetzt werden. Zwar kamen zwischen dem Revolutionsjahr 1917 und dem Jahr 1928 noch einmal 22 Novizen, aber das war nur ein kümmerliches Auslaufen der einst vitalen Welle. Von 1924 bis 1956 sank die Zahl der Mönche in Panteleimonos von 625 auf 70. Es war ein erschütternder Niedergang. Der Wohlstand von einst zerrann den alten Vätern in den Händen. Es waren nur noch müde, schwer geprüfte Männer, die blieben. Zahlreiche wertvolle Gebäude wurden ein Raub der Flammen. Das Kloster, im letzten Jahrhundert noch ein Juwel des Heiligen Rußland, entwickelte sich zu einer unheimlichen Stätte der Dekadenz. Überall Zerfall, Ruinen und Tod.

Zu Hause im fernen Rußland regierte der Antichrist. So mancher der in dieser Geisterstadt mühselig zu den kümmerlichen Gottesdiensten schlurfenden Väter sah überall Zeichen der anbrechenden Endzeit. In tapferer Gelassenheit schien man sich dem Schicksal zu fügen. Und dennoch leuchtete unter der Asche all dieser Niederlagen noch ein strahlender Funke uneinnehmbarer Heiligkeit.

Totenkopf und

38. Kreuzessplitter

Die Gottesgebärerin schwebt auf einer Wolke über dem Athosgipfel. Geheimnisvolle, »nicht von Menschenhand gemalte« Ikonen glitzern gold- und silberbeschlagen in der Sonne des späten Osternachmittags.

So führt uns Vater Sergej durch die große Doppelkirche im vierten Stockwerk des Zellentraktes. Sie ist der Pokrov, der Schutzmantel-Madonna und dem heiligen Alexander Newskij geweiht und fließt über vor Gold und Kunstschätzen. Zwei durch eine kuriose Säulenkonstruktion getrennte Schiffe führen zu einem großen Altarraum, der unter der Last der Kostbarkeiten wie die unnahbare Bundeslade blitzt und funkelt.

Es ist ein sonderbar triumphaler Rahmen für die Reliquie eines Heiligen, der am 24. September 1938 in Panteleimonos gestorben ist und während 46 Jahren hier, nahezu unerkannt, ein armes, einfaches, ganz ausgewischtes Leben geführt hat: Starez Siluan, ein ungebildeter Bauer aus dem Gouvernement Tambow in Mittelrußland, der in der Mühle des Rossikon die Mehlsäcke geschleppt hat und später das Lebensmittellager betreute, unauffällig und von den gelehrten Priestermönchen bisweilen etwas belächelt.

Sein Schüler und Biograph, der hochbetagte Archimandrit Sofronij aus dem »Monastery of St. John the Baptist« in der britischen Grafschaft Essex bezeichnete ihn gegenüber der sowjetischen Autorin Tatjana Goritschewa als »die bedeutendste Gestalt im Christentum des 20. Jahrhunderts«, und so wundert es nicht, daß die

173

Mönche von Panteleimonos seinen Totenschädel in einer wohlriechenden Silberdose unmittelbar neben dem Reliquienschrein mit einem Splitter vom heiligen Kreuz und einem Stein von Golgatha aufbewahren. Es ist eine brisante Nähe zwischen dem »Material der Erlösung« und diesem mit einem kyrillischen Namenszug des demütigen Vaters beschrifteten »heiligen Kopf«. Aber die Mönche und Pilger verehren beide mit stürmischen Küssen und Kniefällen. Zärtlichkeit ist nicht berechnend, und so oder so ist der Gegenstand ihrer Glut nichts anderes als die Manifestation der Liebe Gottes unter den Menschen.

Siluans plötzlicher Aufstieg zur »Ehre der Altäre« fällt nicht aus heiterem Himmel eifernder Frömmler. Sein Lebensweg, so unspektakulär und kurios er auch anmutet, berührt auf mysteriöse Weise die großen, heimlichen Fragen dieses Jahrhunderts. Selbst da, wo er einsam mit Engeln und Dämonen ringt, gelten seine Tränen der Sorge um die Rettung aller Menschen. Zieht es ihn hinab in die Bezirke der Hölle, so möchte er der elendeste und letzte aller Sünder sein, derjenige, der im Gegensatz zu allen anderen »nicht errettet wird«. Trifft ihn der Blitz des »unerschaffenen Lichtes«, so läßt er nicht nach in seiner »Liebe für die Welt«. Zwischen diesen Extremen gleitet geräuschlos, unauffällig sein Leben. Ein stämmiger Mann einfacher Herkunft, ein harter Arbeiter, unter den tausend Mönchen im Rossikon: irgendeine Nummer, eine Null. Und doch.

Als Simeon Iwanowitsch Antonow 1892 auf den Athos kommt, sind ihm die menschlichen Dinge keineswegs fremd. Er hat soeben seine Schreinerlehre und den Militärdienst beendet. Er hat schmerzlich erfahren, was eine Frau ist; Wodka kann er, ohne umzufallen, literweise trinken; er hat im Wirtshaus Ziehharmonika gespielt und bei einer Schlägerei einen Kameraden lebensgefährlich verletzt. Doch er hat auch tiefe Kindheitserinnerungen an einen Einsiedler und Traumerscheinungen von ekelerregenden Schlangen und von Klagen der Muttergottes über sein Sündenleben. Als er dem im Rufe der Heiligkeit stehenden Johannes von Kronstadt seine Absicht, Mönch auf dem Athos zu werden, mitteilt, spürt er zum ersten Mal »die höllische Flamme« um sich. Ein geheimnisvolles Feuer, das sein ganzes Leben durchlodern sollte. So sehr ihm auch außergewöhnliche Gnade zuteil werden soll – hier beginnt kein Aufstieg, sondern ein Abstieg in die innersten Bereiche der »Hölle«. Er soll ganz abbrennen, ganz zerrieben werden zu feiner Asche, zum Staub der Rettung.

Im Noviziat und später als Mönch wird Siluan immer wieder von schlimmen dämonischen Versuchungen verfolgt. Bereits als junger Mann erkennt er in diesem vermeintlich sicheren Klosterhafen die Möglichkeit des Untergangs. Der Bärenstarke wehrt sich mit nahezu unmenschlicher Entsagung, und doch keifen ihm die Teufelsfratzen in der Maskerade trügerischer Erscheinungen entgegen: »Wir sagen niemals die Wahrheit«, fauchen sie den Gepeinigten an.

Am Rande der äußersten Verzweiflung sieht er während eines Abendgottesdienstes in der Kirche des Propheten Elias, »rechts vor der Königstür, dort wo sich die Heilandikone befindet«, den lebendigen Christus. Ein sanfter, allverzeihender, grenzenlos liebender Blick, von dem er später berichtet, er habe »ihn sofort erkannt«. Doch ähnlich wie bei anderen ganz großen Gestalten des geistlichen Lebens beginnt für Siluan noch im ohnmächtigen Gefühl unsagbaren Glücks der verzweifelte Kampf, den »Unhaltbaren« festzuhalten, ihn nicht zu verlieren, eine Liebe zu bewahren, die zugleich grenzenlos und »gekreuzigt« ist. Das wird die Frage seines Lebens: Wie bleibe ich in der Gnade?

Nachdem ihm ein geistlicher Vater im abgelegenen
Stary Russik voller Bewunderung für seine Gebetsleistungen Komplimente macht, beginnt Siluans eigentlicher Kampf in vollem Umfang, wird zu einer jahrzehntelangen unbarmherzigen Schlacht gegen die Dämonen
des Stolzes, die »Gedanken«, wie es in der alten Väterliteratur heißt, ein lebensgefährliches Wechselspiel von
Gebet, Dunkelheit, Frieden und Leidenschaften. Es ist
die Qual um das »verlorene Paradies«. Sein Biograph
Sofronij schreibt dann auch, es handle sich um Schmerzen, die sich ein anderer nicht vorstellen könne, »denn
wer das Licht des anfanglosen Seins gesehen und die
Freude und unaussprechliche Süße der Liebe Gottes erfahren hat, für den bleibt auf der Welt nichts, was ihn
noch anziehen kann.« Siluan selbst sagte später: »Hätte
Gott mir nicht am Anfang zu erkennen gegeben, wie
sehr er die Menschen liebt, so hätte ich nicht eine der
Nächte überstehen können.«

Fünfzehn Jahre nach der ersten Erscheinung wird er
eines Nachts von besonders heftigen Attacken der Dämonen heimgesucht. Sie wollen seine Verbeugungen
vor den Ikonen für sich einfordern, die ganze Zelle ist
voll davon, und auf sein verzweifeltes Bitten wird ihm
auf die betrübte Frage, was er tun soll, um demütig zu
werden, die entscheidende Antwort zuteil: »Halte dich
mit Bewußtsein in der Hölle und verzweifle nicht.«
Jetzt erst findet er endgültig den Weg zum »reinen Gebet« für die Lebenden und Verstorbenen, die Freunde
und Feinde.

Der Königsweg ist der kleine Weg der Demut. So
wie ihn andere große Gestalten dieses Jahrhunderts,
Charles de Foucauld, Mutter Teresa, Maximilian Kolbe
oder Johannes XXIII., gegangen sind. »Der Stolz ist die
Wurzel aller Sünden«, sagte Siluan, »wer Gott erwerben
will, muß die Demut erwerben.«

39. Vladimirs weinende Gäste

Der Balkon vor unserer Zelle ist der ideale Ort, diesen ereignisreichen Ostertag, die Fülle der Erlebnisse zur Ruhe kommen zu lassen. Im Morgengrauen stand ich noch im verwaisten Hafen von Hagi Anna, jetzt bin ich schon ganz eingefangen im Labyrinth dieser alten russischen Klosterstadt, wo die Zeit noch viel langsamer versickert als sonstwo auf dem allem Zeitlichen so abgewandten Berg. Ich vermag noch nicht den zaghaften monastischen Neubeginn im Umfeld dieser historischen Ruinen abzuschätzen, aber die Mischung hat etwas Faszinierendes. Noch ehe der letzte uralte Mönch der »Zarengeneration« ausgestorben ist, noch ehe das letzte ehemalige Glanzgebäude müde zusammenbricht, stimmen neue, junge Mönche bereits Auferstehungshymnen an. Kräftige, robuste Slawentypen, ich sah ihre gefalteten Pranken während der Vesper in der Pokrovkirche. Sie wollen hier anpacken, aufräumen. In ihren Augen, die spitzer, schärfer sind als die runden griechischen, funkelt Entschlossenheit, ganz eingetaucht in eine melancholische, erprobte Geduld, die den Zeitenläufen vertraut und sich nicht irre machen läßt von schlechten Statistiken und ein bißchen Unrat.

Diese jungen Russenmönche lehren auch, daß es doch noch nicht die Endzeit und Apokalypse war, die über das Rossikon hereinbrach. Sergej, seine Freunde und all die anderen, die noch kommen wollen, wenn man sie nur läßt, weisen in eine ganz andere Richtung.

177

Es ist der Weg Siluans, dessen Schädel oben in der Silberdose sie so sehr verehren. Das stille Aushalten, das unerschütterliche Ertragen, den Blick in einem existentiellen Vertrauen ganz ausgerichtet auf jenes Christusantlitz, das dem demütigen Seher nach langen erschöpfenden Dämonenkämpfen »rechts neben der Königstür« in der Kapelle des Propheten Elias erschien. Mild, allverzeihend, der ganz andere, von dem der Starez sagte: »Nur wer den Herrn nicht gekannt hat, kann ihn unter Tränen suchen.«

Es ist eine schöne, wilde Nacht. Noch immer braust das Meer in zäher, aggressiver Heftigkeit gegen die Hafenanlagen. Die Luft ist mild, ein würziges Gemisch von Feldblumen, Harz und Waldboden. Der Himmel freigefegt, sternenklar, voll orientalischer Pracht. Dann erscheint Couven im Kerzenlicht und ruft mich in die Zelle Vater Vladimirs. Hier präsidiert der Mönch eine seltsame österliche Nachtgesellschaft. Er hat vertraute deutsche Gäste um sich geschart, welterfahrene, weitgereiste Wirtschaftsmänner, die ihm nur die Stichworte liefern, und er gibt immer neue Geschichten aus Rußland zum besten. Als ich mich niederlasse, wird gerade der achtzehnte Raki ausgeschenkt, und mit einem Zug kippen alle das gute Zeug herunter. Von gemeinsamen Bekannten am Goldenen Horn ist die Rede, von Klosterklatsch aus der Nachbarschaft, vom ehemals roten Riesenreich, von Männlichkeit natürlich – es wäre kein deutscher Stammtisch. Aber während die Herren zunehmend schlapper werden, schleppt Vladimir einen Krug Wein heran. Dann singt er ihnen herzerschütternde russische Lieder, immer wieder verlangen sie danach. Sie nennen ihre Erinnerungen nicht beim Namen, aber sie haben Tränen in den glasigen Augen und stützen den Kopf schwermütig in den Händen. So läßt Vladimir sie weinen. Seine Stimme ist ungebrochen. Was allein zähle, so klopft er ihnen auf die Schultern, sei, gleich wo man stehe, ehrlichen Herzens das Beste machen zu wollen. Ob Lutheraner oder Katholik, ob Christ oder Kommunist, nur das Beste wollen und danach handeln, das sei schon der Anfang der Seligkeit. Als ich im Kerzenschein meine Zelle suche, ist der Hund draußen auf dem Diwan eingeschlafen. Dann höre ich Vladimir wieder singen, seine Stimme, ganz traurig, ganz kräftig in diesen Steingängen, und bevor ich mir den Schlafsack über die Ohren ziehe, glaube ich etwas davon zu spüren, wie sehr Rußland lebt und wie sehr wir, so wie der Vater es uns immer wieder zugeraunt hat, in Europa zusammengehören.

Als wir am nächsten Morgen zu den Waschbecken schleichen, ist der Mönch schon längst auf den Beinen. Wie eine Eins, gefolgt von dem kleinen Kläffer, stolziert er in seinen Kosakenstiefeln über die Blausteinchausseen des Gästehauses. Er war schon im Frühgottesdienst, bevor der Morgen graute, hat in diskreter Fürsorge im Toilettenraum einige tückische Spuren der vergangenen Nacht verschwinden lassen und brummt jetzt nur eisern: »Everything allright Sir?« Es ist halb zehn und höchste Zeit, zum Essen in die Trapeza zu eilen. Schon ziehen die Mönche in einer Prozession vom Katholikon in den großen Speisesaal, allen voran der neunzigjährige Abt mit Brustkreuz und Stab, der ein rasantes Tempo vorlegt. Singend folgen ihm die Väter im vollen Ornat. Bortsch, Fisch, Käse und Ostereier werden aufgetischt, dazu Wasser und Wein. Neben der Osterkerze liest ein Vater am Stehpult aus den Heiligenleben. Der Abt präsidiert in der Apsis an einem ovalen Tisch. Er hat einen gepolsterten Stuhl mit Armlehnen. Kerzen, Blumen und ein schwungvoller Rosinenpudding geben seiner Tafel eine festliche Note. Aber die Hauptmahlzeit dauert keine fünfzehn Minuten, dann erfolgt ein Klingelzeichen, und schon geht es wieder prozessionsweise in die Kirche zurück. Wieder der vornüber gebeugte Marschschritt des weißbärtigen Abtes.

Vater Sergej hat uns für heute vormittag einen Besuch der Bibliothek in Aussicht gestellt. Es ist ein einstöckiges Gebäude, hinter den zwei mächtigen Palmen der Maria-Himmelfahrts-Kapelle. Es gilt eine Doppeltür aufzuschließen, die wohl bei einem kräftigen Schubs in sich zusammenbrechen würde. Alle Bücher befinden sich in Glasschränken, und Sergej läßt keine Sparte aus. Gleich fällt die auf einem der kleine Tische ausgelegte Zeitschrift der Trappisten aus Chimay auf, der rote Farbstift ruht auf einem Beitrag von Thomas Merton. Aber das ist dann auch schon der einzige Hinweis auf aktuelleres Schrifttum; die meisten der rund 20 000 Bände sind ehrwürdige Lederbände des 19. Jahrhunderts, Altes und Neues Testament, Exegese, Väterliteratur, Heiligenleben, Dogmatik, Moraltheologie.

Zwei Arbeitstische stehen bereit, aber sie scheinen schon lange nicht mehr benutzt worden zu sein. Dann holt Sergej einen Holzkasten aus dem Schrank, worin sich, in einem Tuch eingewickelt, ein kostbares Evangeliar aus dem 14. Jahrhundert befindet. Der Prolog zum Johannes-Evangelium in Goldschrift auf Pergament. Dazu die Miniatur eines nachdenklichen Schreibers unter antiken Säulen. Feinstes Blau, wir dürfen es vorsichtig berühren. »Im Anfang war das Wort.« Unbehelligte Frische zeitloser Schönheit, ein Juwel, versteckt im verstaubten Bücherberg. Der kleine, entscheidende Gegenbeweis dafür, daß in diesen dunklen, leeren Lesesälen die Zeit stehengeblieben ist. Ein uraltes Wort des Beginns. Dem, der es sucht, gilt es noch immer.

40. Die Organisation der Stille

Kein Zweifel, daß ich ihn sprechen wollte. Während der Segnung der Klostergebäude sehen wir uns zum ersten Mal. Die Prozession zog mit Fahne und Kerzenleuchtern rund um das Katholikon, und es fiel gleich auf, daß er kein Russe war. Ein hochgewachsener alter Mann mit vielen feinen Falten im Gesicht, dazu ein glühender Blick, die Samtmütze tief in die Stirn gezogen; der schwarze Mantel machte ihn noch hagerer, größer. So zog er mit den kleineren, stämmigen Russenmönchen über die Höfe. Der Priester ließ das Weihwasser gegen die Wände klatschen, dann setzte sich der Zug wieder in Bewegung, alte Hymnen von der Auferstehung singend, allen voran Alexis Hadsis wie ein devoter Ministrant mit der Fahne.

Doch ich folgte wie gebannt dem fremden Mönch, den ich für einen Franzosen hielt, obwohl er die russischen Gesänge auswendig kannte und auch sonst das Ritual der Küsse und Bekreuzigungen freihändig beherrschte. Was ihn eigentlich so faszinierend machte, war sein Kopf, die durchgeistigten Gesichtszüge, die diskrete Haltung, vor allem jedoch eine abgrundtiefe Traurigkeit, die von ihm ausging. Da war jemand, der viel gesehen, viel gelitten hatte im Leben, sein ganzes Leidensgesicht war davon gezeichnet, und er trug die Wunden, ohne einen Hehl daraus zu machen, ganz gesammelt, dem »einzig Notwendigen« zugewandt.

Nach dem Essen treffen wir uns im Schatten unter dem Torbogen der Klosterpforte. Mir fällt gleich seine

Kompromißlosigkeit auf, ein strenger Zug, der nicht selten Konvertiten zu eigen ist. Vater Pachomus ist Niederländer, er spricht fließend Deutsch, aber auch ein ausgezeichnetes Französisch. Zwanzig Jahre hat er der orthodoxen Stadtpfarrei von Paris angehört.

Zur Ostkirche fand er in den Niederlanden des Zweiten Weltkrieges. Todesangst bringe die Dinge auf den entscheidenden Punkt, sagt er lakonisch. Deshalb sei auch die russische Liturgie so stark und lebensnah, weil dieses Volk so furchtbar gelitten habe. Das in diesen Tagen immer wiederholte »Christos voskresse« sei nur zu verstehen im Angesicht des Todes.

Sein geistlicher Vater ist der Siluan-Biograph Sofronij, und es ist erschütternd zu sehen, wie dieser betagte Mönch noch immer, wie ein Kind, den Losungen des Älteren folgt. Als 13jähriger hat er zum ersten Mal die Matthäus-Passion gesungen, später hat er sie in den Konzertsälen der Niederlande als hochgeachteter Orchesterchef vierzigmal dirigiert, aber er hat sich schmerzlich davon trennen müssen. »Sie organisieren Lärm«, sagte ihm der Starez in kurzgefaßter Deutlichkeit, »organisieren sie die Stille, kommen sie zu uns.« Und so ist er gekommen, selbst seine himmelhoch jauchzenden Vorstellungen von Schönheit aufgebend, sie jedoch in einem langen Prozeß der Selbstaufgabe ganz neu entdeckend.

Hart und streng ist er geworden und warnt mich gleich, als ich von Literatur und Büchern spreche. Er mag sie nicht, die kleinen Nützlichkeiten, die behagliche Idylle wohltönender Lebensweisheiten. »Lassen sie uns über das Absichtslose sprechen«, sagt er leise, sein geistlicher Vater habe es ihm eindringlich ans Herz gelegt, und er zitiert ihn mit dem provozierenden Satz, der einem Zenmeister zur Ehre gereichen würde: »Gott ist unnötig, er dient zu nichts.«

Auch als ich mich bemühe, mit einem Wort aus Gerhart Hauptmanns »Indiphodi«, »dem Leben fern bin ich dem Leben näher«, dieser spröden Konsequenz zuzustimmen, winkt er ab. Dichtung, fast wieder zu schön, zu gesucht. Das Elementare sei viel einfacher, und vor allem unpoetisch. Er hat diesbezüglich die mörderischen Diskussionen unter russischen Emigranten in Frankreich verfolgt und verinnerlicht. Der Zusammenstoß zwischen Ost und West, der schon vorher in Rußland begonnen hatte und der um so heftiger in der Fremde wirkte.

In diesem Zusammenhang wundert es schon gar nicht mehr, daß er für Ökumenismus nur abfällige Bemerkungen übrig hat. Die wahren Differenzen lägen viel tiefer. Es gehe um das Wesen der Dreieinigkeit und die Lehre von den »ungeschaffenen göttlichen Energien«, es gehe um die Priorität des Gottesreiches, so wie es Basilius der Große gelehrt hat: »Sein Wesen aber bleibt unzugänglich.« Er sei der »ganz andere«. Deshalb auch seine abgrundtiefe Skepsis gegenüber dem Intellekt, dem Hochmut der Gedanken. Die Gedanken seien dem Herzen immer weit voraus, aber nur das Herz zähle, es bleibe vierzig, fünfzig Jahre »stabil«. So schöpft er seine ganze Kraft aus der Lektüre der Philokalie, die der Athosmönch Nikodemus als Sammlung asketisch mystischer Schriftsteller des 4. bis 14. Jahrhunderts herausgegeben hat. Hier sei »alles enthalten«, Freud oder Jung seien demgegenüber »kleine Bürschchen«.

Fragt man ihn weiter nach Ereignissen, nach Lebensdaten, so scheint er sich noch tiefer, unnahbarer in seinem Mantel zu verkriechen, so als tue es gar nichts zur Sache. Nur einmal sagt er ganz kurz und beiläufig, er habe »schlimme Dinge« durchmachen müssen, zieht sich aber bald wieder zurück: »Ich habe nur noch eine Hoffnung, hier zu bleiben, zur letzten Etappe auf den

Tod hin.« So bricht unser Gespräch irgendwo ab und gelangt wieder dorthin, wo es begann, als er mir sofort ins Wort fiel und einen schöngeistigen Dialog ablehnte. Der Athos als ein radikaler Ort des Absichtslosen, da sind wir wieder, als er sich erhebt, hager, groß, den Kummerkopf leicht zur Seite geneigt, auf alle Schläge gefaßt, so sehe ich ihn vorn dunklen Torbogen in das grelle Mittagslicht treten. Sonst ist es ganz still im Kloster, und ich bemerke, daß neben dem verriegelten Friedhofstor eine kleine Öffnung frei ist. Das Gras steht schon bis zu den Knien und streicht um einige morsche Kreuze, die im Schatten mächtiger Kastanien verkümmern. Ich öffne die Tür zur Totenkapelle, die in einem rechten Nebenraum die Ernte langer Klosterjahre birgt. Säuberlich nebeneinander in langen Holzkästen aufgereiht, ruhen hier Hunderte von Totenschädeln. Bis zur Decke hoch gehen die Galerien der schwarzen Augenhöhlen. Buchstäbliche Totenstille, nur eine Biene hat sich an diesen Ort der Abwesenheit verirrt und brummt gegen soviel Lebensferne ihren emsigen Protest.

Es ist kein friedliches Bild, es sind vielmehr hundertfache schlimme Fragezeichen. So flüchte ich nach diesem ernüchternden Gespräch und dem Anblick multiplizierter Verwesung ans Meer. Hier rauscht noch immer die kräftige blauweiße Brandung gegen die Felsen, und auf dem Weg zum Strand wiegen sich im dichten Gras die Mohnblumen im Wind. Ich trete ganz nahe und sehe, wie sich ein großer roter Kelch mit den schwarzen Blütenstempeln einmal zur Sonne, dann wieder zum Schatten wendet. In einer kurzen Atempause scheint sie wie gescheitelt, die eine Hälfte dunkle, traurige Glut, die andere, feurig und voller Licht. Dann kommt wieder ein Windhauch und das Spiel der Verwirrung beginnt aufs neue. Hell und dunkel, rätselhaft wie unser Leben.

41. Abschied vom Heiligen Berg

Couven kehrt am Abend aus Zografou zurück. So habe ich ihn selten erlebt, ganz still und ernst. Es ist ein schlimmer Weg gewesen hinauf zum großen Waldkloster der Bulgaren. Vorbei an Xenofontos und Dochiariou, verliert sich der Küstenpfad irgendwo im Dickicht, stundenlange, heillose Umwege waren die Folge; zerkratzt und müde ist er schließlich nach sechs Stunden ans Ziel gelangt. Zografou, dieser Name beschwingt die Phantasie, gemeint ist ein begnadeter Maler, der auf geheimnisvolle Weise über Nacht die berühmte Georgs-Ikone vollendet hat. Mein Freund mußte an diese wunderbare Legende denken, als er in dem nahezu verlassenen Kloster alter bulgarischer Mönche plötzlich einen jungen, kräftigen Mann entdeckte, mit wallendem schwarzem Bart und dunklen Augen.

Doch er staunte schließlich noch mehr, als der ihn bald in deutscher Sprache begrüßte und sich als ein kurioser Vertreter der neuen Generation von Athosmönchen herausstellte: Ein zur Orthodoxie übergetretener Konvertit aus dem Westen. Vater Elias leitete noch bis vor wenigen Jahren als Verwaltungsdirektor ein großes Krankenhaus im Breisgau. Ein fleißiger deutscher Protestant, der seine EDV-Anlagen bestens beherrschte und vom Berg Athos so gut wie nichts wußte, bis ihm in einer Schicksalsstunde Vater Sofronijs Biographie des »Starez Siluan« in die Hände fiel. Jetzt war es um ihn geschehen, und alles ging sehr schnell. Er ließ alles zurück, kam erstmals auf den Athos und blieb für immer.

Über das Serbenkloster Chilandar gelangte er zu den hilflosen, greisen Vätern in Zografou, und hier in der Nähe möchte er sich jetzt eine zerfallende Einsiedelei wieder aufrichten. Couven, der Architekt, kommt also wie gerufen, schon sind beide wieder im Berg, hinauf zur Klause. Ein Erdbeben hat in den Wäldern schwere Schäden hinterlassen, der Zustand ist bedenklich, aber die zwei Anpackertypen nehmen Maß, rechnen, prüfen, planen bereits.

Irgendwann, irgendwo hier oben haben sie sich plötzlich geduzt, ganz unpathetisch, aber es ist ein stiller Funke übergesprungen, und als mein Freund heute abend heimkehrte, spürte man, wie sehr ihm das alles nahe gegangen ist. Ein unverzichtbares, unvergeßliches Erlebnis, eine Begegnung, die so unerhofft und intensiv wohl nur der Athos schenken kann.

Ich kann das um so mehr nachempfinden, als wir später auf dem Schiff nach Ouranapolis Vater Elias zufällig wiedersehen. Zwei Stunden sitzen wir ihm auf dem Oberdeck gegenüber. Ganz nahe kann ich ihn beobachten. Seine imposante männliche Gestalt, die großen kräftigen Hände, die Augen voller Güte, eine Spur Müdigkeit auch, aber vor allem ist da eine große Gelassenheit, der man sich sofort anvertrauen möchte. Ob er drei oder vier oder zehn Jahre an seiner Eremitage zu schaffen habe, sei doch nicht von Belang, sagt der ehemalige Direktor einer »Schwarzwaldklinik«, allein wesentlich sei, »gerettet zu werden«. Dabei fügt er für unsere westlichen Ohren milde hinzu: »Oder wie immer sie das nennen wollen.«

Dann begegnen wir einem betagten Mönch, der nach einer langen Wanderung schweißgebadet das Rossikon erreicht. Erschöpft sinkt er auf die große Holzbank neben der Kirche, aber er ist gleich hellwach, als er hört, daß wir Belgier sind. Es ist Vater Daniel aus

Karakallou, der auf einer langen europäischen Odyssee auch einige Zeit im Maastal verbracht hat und sich noch an den Friedensnobelpreisträger Pater Pire aus La Sarthe erinnern kann. Später hat er im Pariser St. Serge-Institut Theologie studiert, bevor er der orthodoxen Klostergemeinschaft in Sainte-Geneviève-des-Bois beitrat. Der Archimandrit Sofronij ist auch sein geistlicher Vater, er spricht von ihm voller Freude und Dankbarkeit, und wieder ist der heilige Siluan auf eine seltsame Weise präsent. Seine geistlichen Söhne, Kinder und Kindeskinder kehren an den stillen Ort seines Wirkens zurück. Als wir am nächsten Tag gemeinsam zum Hafen gehen, um das Mittagschiff zu nehmen, zeigt mir dieser so stark und anziehend wirkende alte Mönch Siluans Zelle der letzten Jahre vor dem Tod. Ein enger Raum in einem zerfallenen Lagergebäude direkt am Meer. Der Wind fährt hindurch, er »weht, wo er will«.

Zu uns gehört auch in diesen Stunden des Abschieds Vater Alexandros, ein aus Österreich stammender Einsiedler, der, bevor er in das Athoskloster Grigoriou eintrat, im berühmten Katherinenkloster auf dem Sinai, sowie in einer Höhle bei Hebron gelebt hat. Unter dem Einfluß von Vater Mitrofan konvertierte er zur Orthodoxie und ist auf die katholische Enge seiner alten Heimat nicht besonders gut zu sprechen. Die Unfehlbarkeit des Papstes, das Zölibat und alle nicht im Evangelium begrundeten Dogmen sind ihm ein Greuel. Voller Verehrung spricht er jedoch von der habsburgischen Kaiserin Zita, mit der er bis zuletzt in enger Verbindung stand.

Es sind Hafengespräche, Schlußworte, die wir führen. Letzte Mitteilungen, kleine Details, die dann plötzlich haften bleiben, weil in der flimmernden Ferne das weiße Schiff schon naht und alles dichter, endgültiger wird. Schon stehen wir auf dem alten Landungssteg von St. Panteleimonos, der so sehr von Flut und Ebbe des russischen Mönchtums umspült worden ist. Jetzt klatscht die grünblaue See gegen die rissigen Betonblöcke, und die schwarzen Röcke der zum Abschied versammelten Mönche flattern im Wind. Im Mittagslicht glitzern die grandiosen Ruinen, Tausende leere Fensteröffnungen, weit aufgerissen. Man möchte fragen, wie es denn weitergehen soll, ob hier vielleicht bald wieder ein Dampfer aus Odessa vor Anker gehen wird? Er müßte nicht unbedingt Gold- und Silbergeschenke an Bord haben. Nur eine Spur Hoffnung; sie würde für ganz Europa schon reichen.

Dann heult die Schiffssirene, und die Eisenzähne der offenen Heckwand kratzen gegen den Stein. Noch ein Kuß, noch ein Segen, noch eine Umarmung, und das wogende Meer schiebt sich zwischen uns. Wir winken, und die Mönche strecken ihre Hände in den Himmel. An den Gelenken baumeln die Gebetsschnüre. Jetzt erst, als das Schiff noch einmal wendet und sie auf dem Kai zurückbleiben, fällt mir auf, wie blaß sie sind. Aber wenn sie lächeln, huscht es wie eine Flamme über ihr Gesicht.

Dann gewinnt das Schiff rasch an Fahrt. Es ist ein Abschied ohne Wehmut. Das Eigentliche geht nicht verloren. Was sich hier mitteilt, bleibt gesagt. Möwen begleiten uns zurück in die Welt. Die See ist heiter, verspielt. Die Wälder rauschen grün und silbern im Wind. Hoch oben der Athos, der Heilige Berg. Unsagbare Kraft geht von ihm aus. Der Ort des Herzens kennt keine Trennung.